La certificación lingüística del ámbito profesional en los campus europeos

Marta García García

La certificación lingüística del ámbito profesional en los campus europeos

PETER LANG

Berlin - Bruxelles - Chennai - Lausanne - New York - Oxford

Catalogación en publicación de la Biblioteca del Congreso
Para este libro ha sido solicitado un registro en el catálogo CIP
de la Biblioteca del Congreso.

Información bibliográfica publicada por la Deutsche Nationalbibliothek
La Deutsche Nationalbibliothek recoge esta publicación en la Deutsche
Nationalbibliografie; los datos bibliográficos detallados
están disponibles en
Internet en http://dnb.d-nb.de.

Este trabajo cuenta con una subvención del Servicio Español para el
marco de Internacionalización de la Educación en el marco del programa
Alianzas Europeas y el proyecto EC2U.

ISBN 978-3-631-91339-0 (Print)
E-ISBN 978-3-631-91345-1 (E-PDF)
E-ISBN 978-3-631-91346-8 (EPUB)
DOI 10.3726/b21482

© 2024 Peter Lang Group AG, Lausanne
Publicado por Peter Lang GmbH, Berlín, Alemania
info@peterlang.com - www.peterlang.com

Esta publicación ha sido revisada por pares.

Abstract: En el siglo XXI, aprender una lengua forma parte, en la mayoría de los casos, de un valor añadido que puede proporcionarnos un acceso a estudios de grado o de posgrado con una selección de estudiantes por números "clausus" o puede permitirnos alcanzar unas perspectivas laborales más favorables. El placer de aprender a comunicarse en otra lengua sin más fin que ese; aprender una gramática, un vocabulario y una cultura diferentes, ha quedado un poco desfasado. Por ello, actualmente no es fácil desligar el aprendizaje de lenguas de su evaluación y, por consiguiente, de la certificación lingüística. Podría decirse que el trinomio dominio de la lengua-evaluación–certificación lingüística es el modelo más común a la hora de aprender lenguas en el momento actual.

Este trabajo se centrará, por tanto, en la investigación sobre certificación lingüística, en general, y en la certificación lingüística para fines específicos de la lengua española, alemana, inglesa y francesa, en particular, las lenguas que más se estudian y certifican en los campus europeos.

Keywords: Assessment, additional languages, evaluation, test.

ÍNDICE

INTRODUCCIÓN[1]

La Evaluación en el mundo de la enseñanza lenguas ha alcanzado un lugar que no ocupaba al principio del siglo XX. Sin embargo, ahora nos atrevemos a decir que tiene la misma importancia que la metodología, la gramática o los métodos que se utilizan para la enseñanza de lenguas adicionales. De hecho, muchos piensan que aprender una lengua sin certificar su conocimiento no tiene sentido completo. Este trabajo se centrará, por tanto, en la investigación sobre certificación lingüística, en general, y en la certificación lingüística para fines específicos de la lengua española, alemana, inglesa y francesa, es decir, las lenguas que más se estudian y certifican en los campus europeos, en particular, para poner el objeto de estudio en el ámbito de los negocios con el fin de poder aportar una descripción de los exámenes que ofrece el mercado para estas lenguas.

La estructura de este trabajo parte del concepto de evaluación para ir desgranando aspectos teóricos, modelos de examen, etc. y continuar haciendo un análisis de los exámenes con fines profesionales de cuatro de las lenguas adicionales más estudiadas en Europa ordenados del siguiente modo:

En el capítulo 1 ahondamos en el concepto general y específico de Evaluación. Para ello, hemos revisado las diferentes definiciones del término, sus componentes, su evolución desde sus inicios y el panorama actual de la disciplina.

En el capítulo 2, en un intento de ir acotando para poder abordar el tema que nos ocupa, nos hemos centrado en el término de *Fines específicos*, en su definición y en las dificultades que presenta esta especificidad en el mundo de la certificación, puesto que no se trata de crear exámenes a imagen y semejanza de los exámenes de contenido general. Delimitar los contextos de uso de la lengua y la gradación de los contenidos es uno de los problemas que hemos abordado. Siguiendo este esquema, nos hemos adentrado en el

---

1 This work having a grant from the Spanish Service for the framework the Internationalization of Education within the framework of the Eropean Alliances programme

mundo del diseño de los exámenes, de los diferentes tipos de pruebas, de las tareas y, por tanto, de los creadores de exámenes, de los examinadores y calificadores y de todos los procedimientos que conlleva la Evaluación.

A diferencia de lo que ocurre para el inglés, en español, francés y alemán existen muy pocos exámenes de certificación lingüística para el mundo de los negocios. Hemos recopilado los que existen en las lenguas elegidas para analizarlos. Para esto, nos hemos servido de los exámenes modelo, ya que es el material de acceso público. Hemos analizado y comparado estos exámenes para poder extraer los datos que nos permiten saber qué es lo que consideramos que debe tener un examen de lengua adicional para Fines Específicos (EFE).

Capítulo 1 CONCEPTOS SOBRE EVALUACIÓN

1.1. ¿QUÉ ES EVALUACIÓN?

Definir el concepto de evaluación a principios del siglo XXI supone hacer una revisión histórica del término. El concepto de evaluación se ha visto superado desde que empezó a utilizarse como medida de conocimientos. La definición pasa por incluir en esa medida de conocimientos otras disciplinas que antes estaban fuera de juego en la evaluación. En un intento de acotar el campo, nosotros nos centraremos en la evaluación de lenguas extranjeras. El punto de partida es el examen, es decir, la herramienta de la certificación, pero es imposible, recorrer el camino de la certificación reduciéndolo a eso, a un examen. Hoy en día, el proceso de evaluación comprende no solo la evaluación de la lengua, sino que necesita de la lingüística, la estadística y las habilidades sociales para ser completo. La combinación y conjugación de estos ingredientes es necesaria para trabajar en el complejo proceso de la evaluación.

Pongamos un ejemplo: en muchos ámbitos de nuestra vida necesitamos de la evaluación; si queremos comprar una casa, tenemos que seguir unos pasos que nos llevan a tomar una decisión final. Si queremos cambiar de casa, tenemos que tener en cuenta muchos factores y uno de ellos es seleccionar viviendas que vemos en inmobiliarias, estudiar los pros y los contras, convenir el precio y un sinfín de trámites que finalmente nos hacen decidirnos por una u otra vivienda. En definitiva, lo que hacemos es *evaluar* lo que hay en el mercado para obtener un producto final. En este proceso, no estaríamos solos, también intervienen otras personas y varios sectores (inmobiliario, banco, notario, en algunos casos empresas de reformas, constructor, etc.). Pues algo así es lo que le ocurre a un profesor de lenguas; parte de su trabajo es evaluar a sus estudiantes, pero, para ello, antes ha planificado su clase, el programa y todo lo necesario para llevar a cabo esta tarea. Principalmente lo hacemos para comprobar que los objetivos se han cumplido y para comprobar si los estudiantes han llegado a donde queríamos que llegaran. Cada profesor lo lleva a cabo con sus técnicas y procedimientos, y estos son la fuente de información que nos permite tomar decisiones a lo largo del curso. Pero, por otro lado, también nos encontramos con la evaluación como herramienta para la certificación, es decir, como instrumento para "encasillar" a nuestros alumnos en un nivel o en otro. En definitiva, recopilamos datos para encontrar la decisión acertada (Bordón, 2006).

Figueras y Puig (2013:15) recogen definiciones del término *evaluación* que nos permitimos traer hasta aquí porque sintetizan en gran parte lo que significa el concepto:

> La evaluación es la **recogida sistemática** de información con la intención de **tomar decisiones** (Weiss, 1972, en Bachman, 1990:22)
> La evaluación es la **emisión de un juicio** sobre un conjunto de datos en relación con unos **valores de referencia**. (Pedró, 2005:14)

Las autoras resaltan en negrita cuestiones que, en su opinión y, en la nuestra, a menudo son ignoradas. Por lo tanto, ya tenemos un punto de partida: recogida de datos sistemática y proceso de valoración de esos datos para emitir juicios y crear valores de referencia.

Estos datos necesitan de un soporte para ser recogidos, cuantificados y computados, y es por esa razón por la que se ha desarrollado la técnica de evaluación que conocemos como examen.

Los exámenes son, pues, procedimientos de evaluación que sirven para medir unos determinados conocimientos a través de las muestras que proporciona la actuación de candidatos (Bordón, 2006: 19).

Es aquí donde se hace necesario dejar claro que evaluación es un concepto mucho más amplio que el concepto de examinar, como mucha gente cree, pues la evaluación puede hacerse con procedimientos diferentes a los exámenes y un examen es una herramienta que puede utilizarse con el objetivo de medir la actuación de un candidato. El DRAE define, en su tercera acepción, *evaluar* como "estimar los conocimientos, aptitudes y rendimientos de los alumnos", y *examinar*, también en su tercera acepción, como "tantear la idoneidad y suficiencia de los que quieren profesar o ejercer una facultad, oficio o ministerio, o aprobar cursos en sus estudios". Así pues, la RAE está en la línea de la definición de lo que hemos recogido anteriormente, pero de una manera general, no específica para las lenguas extranjeras. Antes de continuar, debemos definir y categorizar algunos conceptos necesarios en el proceso de la evaluación de las lenguas:

Examen:	tipo de evaluación para medir una actuación
Prueba:	parte de un examen referida a una destreza (prueba oral, por ejemplo) o ejercicio específico de una parte del examen, por ejemplo, cuando decimos que la parte oral consta de cuatro pruebas.
Destrezas de la lengua:	son las que se ha agrupado tradicionalmente en comprensión auditiva, expresión oral, comprensión de lectura y expresión escrita. Sin embargo, el MCER establece

La comprensión lingüística comunicativa que tiene el usuario de la lengua se pone en funcionamiento con la realización de distintas actividades de la lengua que comprenden la **comprensión**, la **expresión**, la **interacción** o la **mediación** (MCER, 2002:14).

1.2. TIPOS DE EVALUACIÓN PARA LENGUAS ADICIONALES

Para llevar a cabo esta clasificación tendremos en cuenta la siguiente taxonomía. Dicha taxonomía no implica que unos tipos excluyan a otros, sino que pueden ser compatibles y acumulables en algunos casos. Teniendo en cuenta, los objetivos que persigue, los procedimientos que se utilizan y la manera de valorar los resultados podemos clasificarlos del siguiente modo:

Evaluación formativa:	enfocada a recoger datos que permitan incidir en la formación del alumno para mejorar su aprendizaje.
Evaluación sumativa:	uso de procedimientos de evaluación que sirven para saber si el estudiante a través de una calificación ha alcanzado los logros que quería alcanzar.
Evaluación del proceso:	tiene como objetivo extraer información del proceso de aprendizaje.
Evaluación de resultados:	tiene como objetivo el logro, es decir, saber si el candidato ha conseguido el nivel que quería, pero sin tener en cuenta cómo lo ha hecho.
Evaluación cualitativa:	la que se sirve de diferentes instrumentos para evaluar, es decir, la que se ayuda con informes, carpetas de trabajo, cuestionarios, valoraciones del profesor, etc.
Evaluación cuantitativa:	se sirve básicamente de exámenes.
Evaluación subjetiva/ objetiva:	atiende al modo en que se va a realizar la calificación y la puntuación de los resultados, donde se necesita un evaluador y para la parte objetiva procedimientos mecánicos como máquinas de lectura óptica o plantillas.

Tabla 1.1 Tipos de evaluación (Bordón, 2004)

OBJETIVOS	PROCEDIMIENTOS	CALIFICACIÓN
Informar sobre los procesos **Evaluación formativa**	**Cualitativos:** informes, portafolios, diarios, etc. Autoevaluación.	**Subjetiva:** requiere la intervención de un evaluador
Proporcionar resultados evaluables **Evaluación sumativa**	**Cuantitativos:** exámenes	**Objetiva:** se puede servir de instrumentos mecánicos

La propuesta que hace el MCER sobre los tipos de evaluación se basa en las preguntas y respuestas que recogemos a continuación, aunque se refieran a una consideración más general de la evaluación:

- QUÉ se evalúa: ¿el aprendizaje de los alumnos en el marco de una instrucción formal?, ¿otra cosa?
- QUIÉN evalúa: ¿los profesores?, ¿los propios estudiantes (autoevaluación)?, ¿agentes externos?
- CÓMO se evalúa: ¿qué instrumentos se van a utilizar?, ¿cualitativos?, ¿exámenes?, ¿qué formatos se van a utilizar?, ¿cómo se van a interpretar los resultados?, ¿con referencia a una norma?, ¿con referencia a un criterio?
- CUÁNDO se va a evaluar: ¿en qué momento del proceso?, ¿al inicio?, ¿en algún momento intermedio?, ¿al final?
- PARA QUÉ se evalúa: ¿para controlar el proceso de instrucción?, ¿para discriminar entre alumnos?, ¿para calificar?; ¿o bien para clarificar los objetivos del proceso de enseñanza-aprendizaje y motivar al alumno al estudio?; ¿o tal vez para conseguir un título o una certificación?

Adaptado de Rodríguez Neira (2000)

Las posibles respuestas a estas preguntas podemos verla en la tabla 1.2, que se incluye en el MCER (2002: 183). En ella aparece la evaluación con exámenes u otros procedimientos desde distintas perspectivas.

Tabla 1.2 Tipos de Evaluación (MCER)

1	Evaluación del aprovechamiento	Evaluación del dominio
2	Con referencia a la norma (RN)	Con referencia a un criterio (RC)
3	Maestría RC	Continuum RC
4	Evaluación continua	Evaluación en un momento concreto

Tabla 1.2   Continúa

5	Evaluación formativa	Evaluación sumativa
6	Evaluación directa	Evaluación indirecta
7	Evaluación de la actuación	Evaluación de los conocimientos
8	Evaluación subjetiva	Evaluación objetiva
9	Valoración mediante la lista de control	Valoración mediante la escala
10	Impresión	Valoración guiada
11	Evaluación global	Evaluación analítica
12	Evaluación en serie	Evaluación por categorías
13	Evaluación realizada por otras personas	Autoevaluación

Lo que podemos ir deduciendo es que la evaluación es necesaria para comprobar los resultados de lo que se ha enseñado, pero que, al mismo tiempo y, como señala Bachman (1990), la evaluación es una agrupación sistemática de información con el fin de adoptar decisiones, pero eso no significa que el examen sea siempre la única herramienta para la toma de decisiones, ni que todos los exámenes sean evaluativos, sino que simplemente sirvan para un fin pedagógico, como puede ser un repaso de contenidos, o de motivación para que el estudiante estudie más. En estos casos, el profesor puede responderse a preguntas del tipo: ¿estoy haciendo bien mi trabajo?, ¿cómo puedo mejorar la enseñanza de este aspecto que no ha tenido éxito?, ¿puedo motivar a mis estudiantes de alguna otra forma?, ¿necesitaré un cambio de estrategia?, ¿debería cambiar el programa del curso?, ¿estoy impartiendo el nivel adecuado? Es decir, evaluar es un concepto mucho más amplio que el de examinar, y no todos los exámenes sirven para evaluar, aunque con los exámenes sí que se pueden conseguir instrumentos de medición fiables para obtener datos relevantes si se hacen bien y se usan adecuadamente.

La utilidad de nuestros exámenes es evidente; baste hacer una pequeña reflexión al respecto para ser consciente de ello:

Desde el punto de vista práctico:

1. Debemos clarificar tanto al alumno como al profesor que lo que se ha aprendido son los objetivos marcados al principio del curso o en algún momento del curso, es decir, si sabe usar la lengua para lo que se le pide.
2. Es una forma justa de medir los resultados de los estudiantes con respecto a otros.

3. Pueden significar el acceso a un puesto de trabajo, beca o acceso a determinados estudios si se trata de una certificación.
4. Ayudan al profesor a comprobar si sus técnicas son efectivas.
5. Es un medio rápido, objetivo y económico para evaluar a grupos grandes.
6. Constituyen un aval en la sociedad para testificar lo que nuestro estudiante sabe.
7. También suponen un aval para las lenguas que tienen instituciones que certifican los niveles, como es el caso del DELE, Test Pro, DALF o *Proficiency*.

Desde el punto de vista pedagógico:

1. Nos permiten saber qué contenidos han aprendido bien nuestros estudiantes, cuáles peor y dónde exactamente tienen problemas.
2. Como docentes nos permitirá saber si la programación es la adecuada, si el libro que hemos elegido es efectivo o si nuestro papel como profesor es el que queremos.
3. Contribuyen a la formación de examinadores con el proceso de creación de los exámenes, puesto que además de enseñar bien los contenidos, es fundamental hacer bien la tarea de la evaluación.

1.3 EXÁMENES DE LENGUA EN EL MARCO DE LENGUAS ADICIONALES

1.3.1 REQUISITOS DE UN BUEN EXAMEN

En el ámbito que nos movemos, la enseñanza de lenguas adicionales, entendiéndose por lengua adicional "any language an individual learns in addition to their home language/s. By focusing on the individual´s developing plurilingual repertoire rather than specific languages, the term avoids the confusión that can arise" (Conuncil of Europe, 2022), está más que justificado el uso de exámenes por cuestiones prácticas y pedagógicas, y siempre utilizando exámenes con garantías, es decir, que cumplen con los requisitos de validez, fiabilidad y viabilidad, tres los requisitos para obtener un examen de calidad, si bien, algunos autores señalan alguno más

Validez

Se refiere a si las pruebas que forman un examen, es decir, el examen en su totalidad, mide lo que debe medir.

En el *Multilingual glossary of language testing terms* (1998: 206) se define como "la medida en que las puntuaciones de una prueba permiten extraer conclusiones apropiadas, significativas y útiles dada la finalidad de la prueba."

Para Henning (1987),

> …la validez se refiere en general a la adecuación de una prueba dada o de cualquiera de sus secciones como medida de lo que se supone que mide. Una prueba es válida en tanto evalúa lo que se supone que evalúa. De aquí se desprende que el término *válida*, cuando se utiliza para describir una prueba, debería ir acompañado de la preposición para. Cualquier prueba puede ser válida para unos objetivos y no para otros.

Alderson, Clapman y Wall (1995) clasifican la validez distinguiendo entre:

a) **Validez interna**: aquella que tiene que ver con la propia herramienta y que a su vez se divide en:

   - *Validez aparente*: comentarios que personas han hecho sobre la prueba o el examen y queno han participado en la creación de esa prueba o examen, pero que están acostumbrados a exámenes, bien porque son profesores o bien porque son alumnos que hacen exámenes y pueden aportar comentarios para saber si el examen es aceptable. Se puede utilizar para exámenes de bajo impacto, porque la información que nos proporciona se centra en el formato, fallos en las instrucciones o cantidad de tiempo. Sería algo así como una opinión intuitiva y se consideraría como "aceptable para los usuarios", sin llegarse nunca a confundir con la forma peyorativa que indica "sin validez". Para un evaluador, esta validez tiene importancia porque nos ayudaría a descartar pruebas porque no parecen apropiadas y, por otro lado, si los candidatos piensan que la prueba es válida se sentirán más motivados y harán la prueba de forma más apropiada.

   - *Validez de contenido*: concierne a la adecuación del contenido. Se trata de que personas expertas basándose en criterios sólidos y sistemáticos hagan juicios sobre el examen. Se puede llevar a cabo, por ejemplo, analizando el contenido de una prueba y comparándolo con una definición de lo que debiera ser el contenido, por ejemplo, las especificaciones.

   - *Validez de respuesta:* comentarios y explicaciones que hacen los candidatos sobre el examen y sobre cómo responden los candidatos a los ítems de una prueba. Los procesos que siguen y el razonamiento que hacen para responder.

b) **Validez externa:** establecen la validez de una prueba comparándola con los resultados obtenidos por los mismos alumnos en otras pruebas. Esa comparación se realiza mediante instrumentos estadísticos (normalmente, el coeficiente de correlación, que mide numéricamente el grado en que dos conjuntos de resultados resultan coincidentes). Distinguimos aquí entre:

– Método de la validez concurrente: supone comparar los resultados de la prueba con los de otro instrumento (examen, autoevaluación, notas del profesor, etc.). Ambas pruebas deben evaluar a los mismos alumnos en un mismo momento y los resultados deben poder expresarse numéricamente para poder establecer el mencionado coeficiente de correlación.

– Método de la validez predictiva: supone comparar los resultados de la prueba con los de otra, que pretenda medir la misma habilidad y que es administrada a los mismos alumnos con posterioridad a la primera.

c) **Validez de constructo:** Alderson, Claphan y Wall (1995) se refieren a si el examen refleja la teoría (el constructo), de tal manera que, un examen solo será útil y válido si mide el constructo correcto. Posee atributos, tanto de los métodos internos, como de los externos. Es decir, trata la posibilidad de medir un concepto mediante la observación de comportamientos asociados a este y su relación con otros constructos. Como ejemplifica Antón (2013: 10), "la evaluación de la fluidez se hace operativa mediante el análisis de datos observables: el número de pausas, la velocidad del habla, etc."

Teniendo en cuenta que un constructo es una conceptualización teórica sobre un aspecto del comportamiento humano que no es medible u observable por medios directos, este método de validación consiste en evaluar hasta qué punto una prueba mide los constructos sobre los que ella misma se sustenta. Ello puede hacerse de diversas formas: solicitando a expertos que expliciten los constructos en los que se basan los ítems de la prueba (de forma, pues, análoga al método de validez de contenido) o mediante métodos estadísticos (la matriz multirrasgo-multimétodo de L. F. Bachman, el análisis factorial, etc.).

Fiabilidad

Entre las posibles definiciones del término, destacaremos la de Alderson (1998:275):

> La medida en que los resultados de una prueba son fiables; si los candidatos volvieran a responder a la prueba mañana, después de haberla hecho hoy, ¿obtendrían el mismo resultado (asumiendo que su habilidad no habría cambiado)?

El término se refiere a la consistencia de la medición; sabremos si un examen nos ofrece garantías cuando ofrece resultados similares por el mismo grupo de candidatos en distintas situaciones y en la misma situación con candidatos parecidos. Se puede dar el caso de que un examen resulte fiable porque los resultados estadísticos sean buenos, pero que el examen no mida lo que tiene que medir, que es lo que ocurre normalmente con un examen tipo test. En este caso, si queremos asegurarnos de la fiabilidad del examen, deberemos comprobar varias cosas, por ejemplo, que las respuestas son únicas, es decir, que no hay más de una válida, que la instrucción y raíz de los ítems esté bien redactada, con unos distractores equilibrados entre sí, por supuesto, teniendo en cuenta la clave. Si buscamos un ejemplo de fiabilidad negativa fácil de entender, sería presentar a un candidato al que queremos evaluar una destreza determinada con pruebas propias para evaluar una destreza distinta, por ejemplo, si queremos evaluar la destreza escrita de un candidato, no es fiable someterle a una prueba de tipo gramatical donde no existe producción escrita.

Viabilidad

Se refiere a la posibilidad de administración de un examen. Un examen bueno debe poder hacerse, tener un formato aceptable y que las condiciones para la realización del mismo sean óptimas. Por ejemplo, la impresión del examen debe ser buena, sin partes borrosas; los medios tecnológicos en caso de pruebas de comprensión auditivas deben funcionar perfectamente y con la misma accesibilidad para todos los candidatos que se presentan al examen. Del mismo modo, el espacio donde se realiza la prueba debe reunir las condiciones deseables para esta situación, evitando factores externos como demasiada luz o ruido, frío o calor. Para Bachman y Palmer (1996) un examen es viable cuando sus exigencias, tanto en recursos humanos como técnicos o económicos se pueden satisfacer.

Para los dos autores, además de las características anteriores, hay que incluir alguna más. Sitúan en primer lugar validez y fiabilidad, pero también incluyen la autenticidad, la interactividad, el impacto y la viabilidad.

La **autenticidad** es el grado de correspondencia de las características de las tareas del examen con los rasgos de una tarea de su uso de la lengua meta, es decir, es lo que nos permite generalizar los resultados del examen a situaciones de uso de la lengua fuera del examen. Gracias a la autenticidad podemos considerar si lo que se les pide a los candidatos se corresponde con los que se les exigiría en los procesos de forma natural al interactuar con estos textos.

La **interactividad** es la cantidad de características individuales y el tipo de implicación de las mismas que un candidato utiliza para resolver las tareas de un examen. Las más importantes son la habilidad lingüística, el conocimiento del tema y los esquemas afectivos.

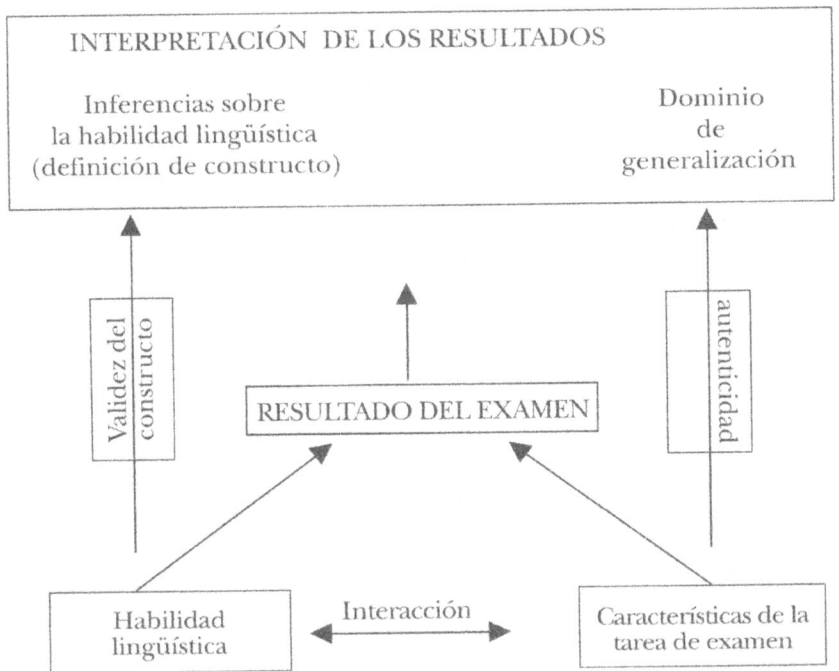

Fig. 1 Adaptado de Bachman y Palmer (1996: 22) Bordón (2006:65)

Por último, tendríamos que hablar del **impacto**, es decir, del efecto de un examen. El impacto de un examen que hace un profesor para ver cómo van los estudiantes de su clase se queda ahí, en el profesor y los estudiantes de la clase, mientras que el impacto que tiene un examen para una certificación lingüística traspasa esos límites: desde los diseñadores del examen, al centro que lo administra, pasando por los candidatos, los profesores que los preparan e incluso afectan a la metodología de la enseñanza de lenguas adicionales porque se crean materiales específicos para la preparación del examen.

En la tabla 1.3 mostramos un resumen que nos ayudará a ver los requisitos que debe cumplir un examen de lengua adicional (Bordón, 2006: 67)

Tabla 1.3 requisitos de un examen de lenguas adicionales

Fiabilidad ⌉
           ├── Propios del instrumento examen
Validez   ⌋   ⌉

                                                          Requisitos
Autenticidad ⌉   que se
             ├── Relacionadas con el objeto del examen: la lengua.   refieren al
             ├── Son relativas (pueden darse en mayor o menor medida) ├── uso de los
Interacción ⌋   resultados
                                                          de los
                                                          exámenes

Impacto ⊢ Efectos de los resultados del examen en las personas y la sociedad

Viabilidad ⌐ Posibilidad de confección de un examen   ⌋

Figueras y Puig (2013:21) desglosan el impacto en *consecuencias, efecto rebote* o *repercusión* e *impacto*. Los tres, por supuesto, describen el efecto de la prueba, pero de manera diferente. Las **consecuencias** implican cómo el resultado de las pruebas puede afectar al candidato en su vida. Por ejemplo, para algunos servirá para conseguir el permiso de residencia, para otros para promocionar en su trabajo, para otros para poder acceder a una universidad, etc. El *efecto rebote* sería lo que suponen los resultados para los profesores, es decir, si un profesor hace una prueba de comprensión auditiva y sus estudiantes no pueden obtener la idea general del audio, el profesor hará hincapié en este tipo de actividades en el aula. Por último, hablamos de *impacto* en el sentido de repercusión de los resultados para un sistema educativo o para la sociedad, es decir más general.

Para la construcción de un examen, y para completar la misma, tenemos que incidir en Bachman y Palmer (1996) que acuñaron el concepto de **utilidad** de una prueba, que es el resultado de todos los elementos que inciden en la calidad de la misma.

Realmente, lo que defienden con este concepto es que un ítem, una prueba o una actividad que evalúa debe tener las siguientes cualidades:

– Consistencia y fiabilidad como instrumento de la prueba.
– Adecuación y validez de las interpretaciones que se obtienen a partir de los resultados de las pruebas.
– Autenticidad con que la que las tareas reflejan la vida real.
– Interacción que existe entre el candidato y la tarea cuando tiene que resolverla.
– Calidad del impacto o influencia de la prueba en los candidatos, sociedad y centros educativos.
– Posibilidad de que se cumpla todo lo anterior al crear una prueba.

En resumen, la utilidad es la suma fiabilidad, la validez del constructo, la autenticidad, la interactividad, el impacto y la practicidad.

1.3.2 TIPOS DE EXÁMENES

Hemos descrito diferentes tipos de evaluación teniendo en cuenta diferentes puntos de vista y haremos lo mismo para crear la clasificación de los exámenes, sin que esto signifique que no puedan ser compatibles unos con otros.

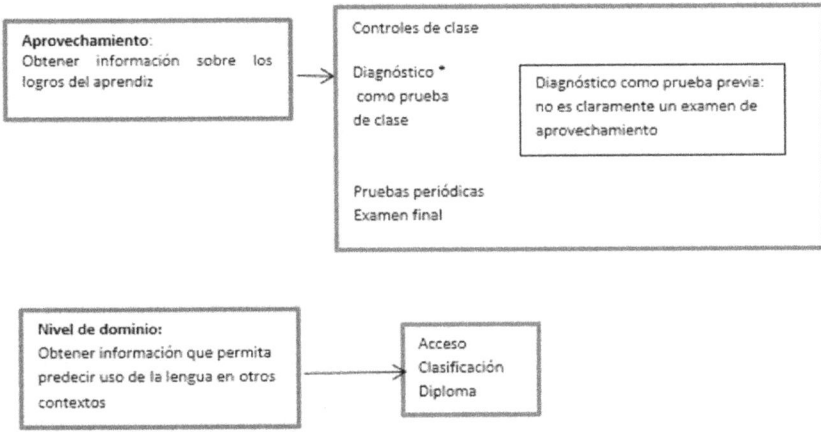

Fig. 2 Tipos de exámenes. Bordón (2006:74)

Siguiendo el criterio de finalidad del examen, es decir, para qué se interpretan los resultados, haremos la clasificación que sigue. Si diseñamos un examen para saber si un estudiante ha aprendido en un curso, se trata de un examen de *aprovechamiento*, pero si hacemos un examen tipo DELE (Diploma de español como lengua extranjera) o DALF (Diplôme approfondi de langue française), por ejemplo, donde lo que queremos saber es lo que puede hacer un candidato con la lengua sin importarnos el camino recorrido para llegar hasta ahí, entonces estamos haciendo un examen de *nivel de dominio*. En la tabla 1.4 que incluimos podemos ver un resumen de los tipos de exámenes

1.3.2.1 Exámenes de aprovechamiento

Como su propio nombre indica, son los exámenes que se hacen para obtener información sobre lo que ha conseguido aprender un estudiante sometido al proceso de aprendizaje de una lengua. Son exámenes internos, que se hacen dentro del aula y que recogen lo que se ha ido haciendo durante el curso hasta el punto final que se sitúa en el momento del examen. Los resultados del examen nos proporcionan información sobre si hemos utilizado unos contenidos adecuados o la metodología que seleccionamos ha tenido éxito.

a) Control o prueba de clase

Normalmente se trata de una pequeña prueba, con un contenido muy específico, en el que el profesor, que coincide en este caso con el evaluador, busca reconocer si se ha alcanzado un objetivo planteado en el aprendizaje, por ejemplo, el uso de *ser* y *estar* en la descripción. Además de la característica de *específico*, también suele ser *corto* (minutos o máximo una hora), *periódico* (después de cada unidad, por ejemplo y porque normalmente el número de alumnos no es elevado), *formato papel*, porque, probablemente, no es viable otra forma, o a través del uso de una plataforma a la que todos tienen acceso, con lo cual dejaríamos fuera la expresión oral y no cumpliríamos con el principio de validez, pero podríamos considerarlo parte de una evaluación continua y el profesor tendrá en otra ocasión u ocasiones la oportunidad de evaluar al candidato de esta habilidad (Bordón, 1996: 76). Es un examen de impacto bajo, porque las decisiones que podemos tomar partiendo de los resultados solo afectan al grupo y al profesor.

Son exámenes que ayudan a los estudiantes mucho porque pueden comprobar su evolución, aclarar aspectos que no dominan, ensayan diferentes tipos de pruebas y adquieren estrategias para hacer exámenes, pero también son exámenes que ayudan al profesor a comprobar su forma de enseñar la lengua meta, además de servir como forma de experimentación para un examen de mayor relevancia.

b) Examen o prueba de diagnóstico

Para mostrar las características de esta prueba, podemos referirnos a lo que sabe un aprendiz antes de empezar el curso, en cuyo caso no sería un examen de aprovechamiento, o a los logros que ha conseguido durante el curso. En el primer caso, el examen es una herramienta perfecta para que el profesor obtenga información sobre lo que saben sus alumnos antes de empezar el curso. Así, por ejemplo, podrá saber si en el grupo existe un nivel homogéneo o no, lo que saben o cualquier otro aspecto que desee saber y que sea evaluable con este examen. En el segundo caso, sería una prueba de diagnóstico de aprovechamiento si la realiza el mismo profesor al inicio del curso siguiente, por ejemplo, y quisiera comprobar qué es lo que permanece del curso anterior. En ningún caso se trata de una prueba de clasificación, porque no se haría para clasificar a estudiantes en uno u otro nivel, sino para comprobar, como hemos dicho anteriormente, si el grupo es homogéneo o no.

c) Examen final

Se trata para muchos del auténtico examen de aprovechamiento porque se realiza al final de un curso, independientemente de la duración de éste. En algunos centros lo harán al final del trimestre, en otros al final de un curso intensivo, de un semestre, etc. La información que proporciona es la de si un estudiante ha cumplido con los objetivos que se marcaron en el curso, si cambia de nivel o también si está preparado para recibir una certificación.

Es un examen que tiene un gran impacto en el alumno. Lo diseña, administra y evalúa el profesor o se hace entre varios profesores del centro. Los contenidos serán los que se han impartido a lo largo del curso. Los creadores del examen serán los encargados de diseñar el examen decidiendo qué destrezas se van a evaluar, las tareas que los van a conformar, la distribución de las mismas, la duración y formato, dependiendo de la viabilidad del examen.

1.3.2.2. Exámenes de nivel de dominio

Sirven para averiguar lo que sabe cada persona en el momento que realiza el examen. Los resultados nos dan información sobre lo que el estudiante sabe hacer con la L2 y cómo creemos que se comportará ante situaciones comunicativas de uso real. No importa cómo lo ha conseguido, sino a dónde llega. Sirven para definir el nivel de lengua y si quien supera el examen, posee ese nivel.

Hay 3 tipos de exámenes de dominio:

a) Exámenes de acceso

Son aquellos que se hacen para, como dice su propio nombre indica, acceder a una empresa, institución o centro. Se hacen para comprobar si las personas que quieren acceder tienen el suficiente dominio de la lengua que se requiere o bien para trabajar o bien para estudiar allí. Puede tratarse de una prueba estandarizada o una propia que el centro ha diseñado para los postulantes. Se puede dar el caso de que el solicitante tenga que mostrar un nivel certificado antes de llegar a la empresa y no tenga que pasar por el requisito de hacer un examen

b) Exámenes de clasificación

Se utilizan para clasificar a un número de personas en diferentes cursos siguiendo el criterio de nivel. Pueden ser pruebas estandarizadas o pruebas propias. Muchos centros diseñan sus propias pruebas porque les resulta más fácil para acomodar a los estudiantes en los niveles que ofrece, por ejemplo, una escuela. Hacer estos exámenes no significa que los estudiantes queden perfectamente clasificados en su nivel y vayan al grupo exacto al que pertenecen, pero sí que permitirán al centro agrupar con más o menos equilibrio a los estudiantes y formar grupos más o menos homogéneos en cuanto al nivel de lengua. En cuanto al impacto, no es muy alto, porque afecta a los que hacen el examen y a los profesores y personal del centro docente.

c) Exámenes de diploma

Se hacen para obtener un diploma o un certificado oficial. Expertos en evaluación se dedican a la realización de estos exámenes. Tanto profesores como psicólogos, como evaluadores o pedagogos forman parte del proceso de creación de un examen de este tipo.

Algunos son exámenes muy prestigiosos y constituyen el objetivo de muchas personas a la hora de estudiar una lengua adicional. Son exámenes de gran impacto. Desde el punto de vista económico, suponen un gran despliegue de recursos y, además, suponen también un elevado grupo de personas para su correcta administración. También afectan a la programación del curso, al desarrollo de los currículos y al diseño de materiales de preparación para la obtención de los diplomas.

Dentro de los exámenes de dominio, queremos aclarar que, actualmente, existen diferentes certificaciones que se realizan por ordenador y online y con la posibilidad de realzarse en remoto. Normalmente este es el caso de los exámenes progresivos y adaptativos.

Un examen progresivo por ordenador es aquel en el que el candidato hace un examen que abarca diferentes niveles y dependiendo de sus respuestas se sitúa en un nivel u otro. Los candidatos comienzan el examen haciendo tareas del nivel A1 y continúan haciendo tareas en dificultad creciente hasta el último nivel que permite certificar el examen. Un ejemplo de este tipo de exámenes es el examen de español SIELE, (Sistema Internacional de evaluación de la legua española) cuya titularidad recae en el Instituto Cervantes, Universidad Nacional Autónoma de México, Universidad de Salamanca, Universidad de Buenos Aires. Este examen, abarca las cuatro destrezas y está destinado a público adulto en el que se integran tareas desde el Nivel A1 hasta el Nivel C1 del MCER. Los resultados del nivel de competencia de español aparecen expresados en una escala de 1000 puntos con equivalencia a los niveles del MCER.

En los exámenes adaptativos, el candidato sigue diferentes itinerarios porque la selección de los ítems viene condicionada por su actuación. El algoritmo de un test CAT (*Computer adaptive test*) selecciona sucesivamente las preguntas en función de si el candidato ha respondido correctamente o incorrectamente a la pregunta anterior. Si el candidato ha respondido correctamente a la pregunta anterior, la siguiente pregunta será más difícil. A su vez, si un candidato ha respondido incorrectamente a la pregunta anterior, la siguiente pregunta administrada será menos difícil. Por ejemplo, en el caso del examen USAL, la primera pregunta que un candidato ve en un test CAT es de una cierta dificultad, en su mayoría de nivel B1. El ordenador evalúa la respuesta del candidato a la primera pregunta como correcta o incorrecta y estima el nivel de capacidad del candidato en esta fase de la prueba. A continuación, el algoritmo selecciona una pregunta con un nivel de dificultad adecuado a la capacidad estimada del candidato en ese momento y si responde correctamente, el siguiente ítem administrado es más difícil. El proceso de administración de ítems en función de las respuestas de los candidatos continúa hasta que el test se centra en el nivel de habilidad del candidato.

Este tipo de exámenes, cada vez más presentes en los portafolios de las instituciones lingüísticas evaluadoras presentan una serie de ventajas y desventajas frente a exámenes de dominio tradicionales.

Tabla 1.4 Ventajas y desventajas de los exámenes adaptativos

VENTAJAS	DESVENTAJAS
Se centra rápidamente en la habilidad del candidato.	Se necesita un amplio banco de ítems calibrados.
Menos ítems para precisar el nivel del candidato.	Hay que familiarizar a los candidatos en el funcionamiento de este tipo de exámenes.
Los resultados son más precisos y fiables que un examen donde solo se aprueba o suspende.	Limitación en el tipo de tareas. Solo pueden utilizarse tareas de corrección automática.
Los candidatos no deben responder a ítems muy alejados de su nivel.	Se necesita una buena conexión a internet y las convocatorias no pueden ser muy numerosas.
El algoritmo mejora la seguridad del examen porque cada candidato responde ítems diferentes.	No se pueden hacer convocatorias masivas porque las salas de ordenadores no son tan grandes normalmente.
No se necesitan convocatorias oficiales, pueden hacerse a demanda de los candidatos.	
Exámenes más breves.	
Pueden realizarse con vigilancia remota, sin necesidad de desplazarse a un centro de examen.	

1.3.3. LA CONFECCIÓN DE UN EXAMEN

Como hemos dicho anteriormente, crear una herramienta útil de medición, no es algo simple, más bien todo lo contario. Como decíamos, un buen examen tiene que reunir los conceptos básicos de evaluación: validez y fiabilidad. Varios autores e investigadores han hecho propuestas al respecto. De entre todos, hemos elegido los doce pasos que propone Downing (2006:3–25) y que incluimos a continuación. Es una propuesta que nos parece clara, muy completa y sirve para cualquier proceso de evaluación.

Tabla 1.5 Pasos para la construcción de un examen

1. Plan general
2. Definición de contenidos
3. Especificaciones
4. Desarrollo de ítems
5. Diseño y configuración de la prueba
6. Producción
7. Administración
8. Corrección y puntuación
9. Fijación de la nota de corte
10. Difusión de los resultados
11. Archivo de ítems
12. Informe técnico sobre la prueba

1.3.3.1. Plan general

Se trata del paso más importante en cuanto a que es lo primero que debe hacerse cuando se quiere empezar el desarrollo de un proceso de evaluación. En este primer paso, es donde se toman las decisiones para poder empezar y seguir adelante. Se elaborará teniendo en cuenta los recursos con los que disponemos y el calendario de aplicación. Pero ¿qué decisiones hay que tomar? Para eso debemos tener claros algunos puntos:

- ¿Para qué queremos evaluar? ¿Cuál es el propósito? (recoger información de todo el curso, elaborar una prueba de diagnóstico, una prueba de clasificación…)
- ¿Qué objeto o constructo vamos a evaluar?, ¿qué destrezas?, ¿qué nivel?
- ¿Cómo va a ser nuestra herramienta de medición?, ¿un examen?, ¿un conjunto de pruebas?, ¿en papel?, ¿online?
- ¿Cuántas fases vamos a tener? ¿Quién se va a encargar de cada parte?

1.3.3.2. Definición de contenidos

Este es uno de los temas más importantes porque de él depende la validez del examen. Los contenidos varían dependiendo de si queremos evaluar la expresión escrita, oral, el conocimiento de la lengua o la comprensión auditiva. Pongamos por caso que lo que queremos evaluar es la expresión oral. Lo primero que debemos hacer es definir lo que es expresión oral y lo que queremos que respondan los candidatos en nuestra prueba de expresión oral. Por ejemplo, si queremos evaluar la fluidez, la pronunciación y la interacción, el formato que vamos a utilizar, el tipo de tarea, si va a ser una entrevista, una exposición, etc. Todo esto debe estar perfectamente definido y trabajado en un juicio de expertos.

1.3.3.3. Especificaciones

Son las descripciones pormenorizadas de las características de las pruebas en las que vamos a trabajar para el proceso de la evaluación. Son la información oficial del examen. Detallan lo que se evalúa y cómo se evalúa. Son el plan que deben seguir los creadores de exámenes y de ítems, y conforman un requisito indispensable para poder conseguir la validez del constructo. El contenido del examen se extrae de las especificaciones. Alderson, Chapman y Wall (1995) recogen una distinción que se hace en el Reino Unido, *specifications,* que se refiere a las especificaciones, y *syllabus* que se refiere a la descripción de contenidos del examen. Las *especificaciones* normalmente son un documento muy detallado, de uso interno, a veces confidencial para la organización, mientras que la *descripción de contenidos* es un documento público que utilizan los usuarios para saber cómo es el examen, para explicarles el contenido. Está también dirigido a las personas que trabajan con los resultados de las pruebas y a los editores que quieren trabajar en la creación de materiales para la preparación de exámenes.

Tabla 1.6 Especificaciones y contenidos

Especificaciones	Descripción de contenidos
Documento detallado	Documento simplificado
Uso interno	Uso externo
Confidencial	Público
Creadores	Profesores y candidatos

Uno de los usos más importantes de las especificaciones es su empleo como manual de supervisión. La comprobación de tareas de un examen debe hacerse con las especificaciones como manual para comprobar si la prueba tiene validez, es decir, si evalúa lo que se pretende, de ahí que deban estar redactadas y creadas para entenderse bien y para ser manejadas como "libro de cabecera". Por supuesto, los creadores deben ceñirse a ellas para poder crear el examen, puesto que conforman el contenido y forma de los mismos. Pero volviendo al principio de validez, es más importante la justificación teórica del contenido, las teorías sobre la lengua y el dominio de la misma que aparece en la prueba que cuestionarse por qué la prueba es así y no de otra forma. Las especificaciones como syllabus son información muy útil para los profesores que quieren preparar a sus estudiantes para que se presenten a un examen. Les proporcionan información como lo que deben saber, lo que deben trabajar, en qué deben incidir o a qué examen o prueba se quieren presentar. También se pueden utilizar para que los tribunales que tienen que decidir si una prueba es válida o no, por ejemplo, para acceso a una universidad, sepan si mide las destrezas lingüísticas académicas que se requieren.

1.3.3.4. Desarrollo de ítems u otros instrumentos

Habría que empezar definiendo *ítem* como la pregunta que exige al candidato una respuesta. Las *tareas* pueden tener uno o más ítems.

Los expertos en evaluación recomiendan incluir en las pruebas tareas de formatos cerrados, es decir, respuesta de opción múltiple o de verdadero/falso, que para su corrección se valen de una hoja de respuestas con una clave de respuestas.

La creación de ítems es un trabajo laborioso que necesita de una especialización para que resulte de buena calidad, de lo contrario, las respuestas de los candidatos nos harían obtener conclusiones inexactas o erróneas sobre lo que saben. Para la creación de ítems hay mucho material creado, tanto específico para cada examen como general para formación de creadores. De gran utilidad es y fue *El manual de creadores de ALTE* (2005), pero a raíz de este material, las instituciones crearon sus propios materiales para cada examen.

1.3.3.5. Diseño y configuración de la prueba o dispositivo

Después de obtener tareas, ítems y actividades que nos parecen adecuadas para la construcción de un examen, vendría el "ensamblaje" de la prueba o del examen. Esta labor requiere el trabajo en equipo de varias personas expertas en evaluación que unirán sus esfuerzos en crear un dispositivo de evaluación lo suficientemente amplio y completo para evaluar incluso todo un curso. Este juicio de expertos decidirá si las tareas/ítems o actividades creadas y seleccionadas resultan acordes para el dispositivo que vamos a crear y para seguir el proceso. Para esto se puede contar con fichas que los expertos deben rellenar siguiendo un cuestionario específico sobre los detalles de las tareas.

1.3.3.6. Producción

Se trata de un aspecto de igual importancia que el del contenido. Los profesores suelen prestar más atención al contenido que a la forma y esto es un error. Para que un examen alcance la calidad deseada, debe tener un formato que respete a la perfección el diseño de la prueba. Así, por ejemplo, el espacio destinado a la respuesta debe ser suficiente, la presentación debe ser ordenada, clara, debe estar correctamente numerada y secuenciada en grado de dificultad. En ningún caso puede haber ambigüedad y las copias de los exámenes o pruebas deben ser limpias y estar impecables. Todo este material debe ser comprobado rigurosamente antes de su distribución para anticipar soluciones ante cualquier imprevisto, por ejemplo, de impresión.

También debe disponerse del material con antelación suficiente para que puedan hacerse las comprobaciones pertinentes y la distribución con el tiempo suficiente.

Las instituciones evaluadoras llevan a cabo comprobaciones de todos los materiales y revisiones exhaustivas para que ningún detalle pueda quedarse en el aire, esto quiere decir, que las revisiones de las claves, de los audios y de los contenidos se hacen más de una vez. La calidad de los audios lleva consigo una revisión doble, no sólo es necesario comprobar los guiones, sino también los patrones de calidad de audio exigidos y los de reparto. Por ejemplo, la voz del conductor del examen no debe nunca aparecer en otra parte del examen, las entrevistas deben ser de dos voces, una masculina y otra femenina, deben recoger variedad de acentos, si la lengua que debemos evaluar los tiene, como es el caso del español de España y el español de América, el alemán de Alemania o de Suiza, etc.

Para todo este trabajo se suele contar con personal que no ha trabajado directamente en la elaboración de las pruebas para conseguir así una revisión independiente.

1.3.3.7. *Administración*

Los exámenes cuentan dentro de su "reglamento" con un protocolo de distribución para alcanzar la validez y calidad de la que empezamos a hablar desde el principio. Así, se elaboran documentos que describen detalladamente cómo se debe administrar el examen. Estas pautas se incluyen en las especificaciones y en material que acompaña a las pruebas cuando se realizan. Exigen un compromiso de seguirlas por parte del personal encargado de administrar las pruebas para garantizar la calidad hasta el final de las mismas.

Por citar algunos ejemplos, acudiremos al caso de las comprensiones auditivas, donde es fundamental que empiecen a la hora programada y no se interrumpan hasta que las instrucciones digan lo contario, ni se repita ninguna parte que no haya sido descrita en las especificaciones. La reproducción del audio debe tener el mismo volumen en toda la sala, es decir, todos los candidatos deben ser accesibles a la audición del mismo modo, o a una pantalla si fuera el caso. Los ruidos externos no deben afectar a los candidatos, ni las condiciones lumínicas deben perturbarlo cuando está realizando la prueba. Este aspecto toma especial importancia cuando el número de candidatos es muy grande y el espacio se amplía más allá del aula convencional, o cuando la misma prueba se administra en diferentes aulas, donde la cuestión del tiempo, es decir, la hora de inicio y final deben ser muy estrictas para evitar filtraciones o desigualdades que comprometan la fiabilidad de los resultados.

No podemos olvidarnos de los candidatos que presentan una necesidad especial. En este caso, el/los administradores de la prueba deben tener previstas soluciones *ad hoc*. Por ejemplo, si se trata de zurdos, se deberá disponer de silla con brazo izquierdo, si hay una limitación visual, se colocará al candidato en primera fila, etc. y siempre habrá que asegurarse de que el resto de los candidatos no se ve afectado por estas medidas.

1.3.3.8. Corrección y puntuación

Esta parte también está recogida en las especificaciones. Las respuestas deben corresponderse exactamente con lo señalado en las claves del examen para eliminar cualquier calificación desviada en el caso de tratarse de respuestas cerradas. Asimismo, hay que garantizar buenas condiciones laborales para los correctores de pruebas, esto es, que dispongan de tiempos adecuados para la corrección de las mismas. Cuando las correcciones se han hecho adecuadamente, se puede proceder al siguiente paso que sería fijar las puntuaciones finales del examen.

1.3.3.9. Fijación de la nota de corte

Este tema resulta polémico, ya que no existe uniformidad en todas las áreas y muchas veces resultan decisiones arbitrarias.

Si nos fijamos en la enseñanza obligatoria en España, la nota de corte se fija en el 5 para poder aprobar, pero no es así en el caso de las lenguas extranjeras, en las que es normalmente más alta. Podemos afirmar que, en el caso de los DELE, la nota de corte se fija en un sexto, es decir, si partimos de cien, eso supone el 60 % del examen. Pero, hagamos una pequeña reflexión sobre un asunto que ha creado mucha polémica: ¿todas las tareas que aparecen en el examen son iguales? ¿Superar el 50 % supone que el candidato domina las competencias que estamos evaluando? ¿Dónde ponemos el listón que separa la competencia de la falta de esta? Insistimos, si las tareas son diferentes y el alumno supera las primeras y las últimas, pero no las que están en el medio o viceversa, ¿qué competencia tendrá? Observemos el cuadro recogido en Figueras, Puig (2013: 26)

Tabla 1.7 Puntuaciones y notas de corte

Preguntas	Alumno 1	Alumno 2	Alumno 3
1	1	1	1
2	2	2	2
3	3	3	3
4	4	4	4
5 nota de corte	5	5	5
6	6	6	6

Tabla 1.7   Continúa

Preguntas	Alumno 1	Alumno 2	Alumno 3
7	7	7	7
8	8	8	8
9	9	9	9
10	10	10	10

La pregunta que surge después de observar el cuadro es si los candidatos que tienen el mismo resultado para una misma nota de corte, tienen el mismo dominio de lengua.

La respuesta es compleja, pero tiene una respuesta afirmativa asegurada si se ha seguido desde el inicio el procedimiento del principio de validez.

Fijar estándares (*standard setting*) es una labor de equipo donde existe un consenso en la toma de decisiones que proceden de los valores y creencias de los que las fijan, es decir, si consideran la importancia de las tareas, sus contenidos, el proceso de adquisición de la lengua y, en muchos casos, son decisiones que se toman desde un mundo lejano al del aprendizaje, son decisiones de tinte político que tienen su origen en la necesidad de que muchos candidatos superen o no las pruebas.

El siguiente paso, es contar con un sistema para trabajar en el futuro en la comparación de convocatorias, es decir, cada sesión tiene instrumentos de evaluación que deben significar lo mismo en las diferentes convocatorias. Hay que anclar los resultados y su interpretación.

1.3.3.10. *Difusión de resultados*

Consiste en la trasmisión de los datos que hemos obtenidos de la evaluación. Dependiendo del tipo de evaluación, se hará de una manera u otra. Si la evaluación es externa, hay que tener en cuenta aspectos como el calendario previsto y normalmente publicado. La forma de acceso al resultado por parte del candidato debe ser clara y respetando la protección de datos para conservar la privacidad de los alumnos.

Si la evaluación es interna, (la que lleva a cabo un profesor para comprobar el desarrollo del curso o retroalimentar su docencia), el profesor decidirá cuándo entregará los resultados, normalmente no en un plazo superior a una semana y con una calificación numérica o cualitativa.

1.3.3.11. Banco de ítems

Muchos de los procesos de evaluación "mueren" después de que se publiquen sus resultados y se vuelve a empezar desde el principio. Al final de todo el proceso, si se ha hecho todo bien, tenemos un gran número de tareas con información fiable para utilizarse en otras ocasiones y quizá en otros contextos. Para poder llevar a cabo este almacenaje se necesita un banco de datos. Los bancos de datos tienen que tener varias categorías que permitirán clasificar los ítems:

– Información del contenido
– Tema
– Dificultad
– En qué dispositivo/s se utilizó, cuándo, etc.

Cualquier otra información de utilidad, por ejemplo, si el ítem se ha reformado después de ver sus resultados y si se ha vuelto a utilizar.

Un banco de ítems no es solo un lugar de almacenamiento, también es un lugar "histórico" donde podemos comprobar y analizar el recorrido de los ítems que forman las pruebas con datos empíricos.

1.3.3.12. Informe técnico sobre la prueba

El proceso de evaluación termina con la elaboración de un informe. Hay que detallar todo el proceso que se ha llevado a cabo para la creación, realización y corrección del dispositivo. Gracias a él, podremos justificar la validez de la prueba y podremos llevar a cabo reformas posteriores.

1.4. INSTRUMENTOS DE EVALUACIÓN PARA EL APRENDIZAJE DE LENGUAS ADICIONALES

El tema que nos ocupa ahora es la evaluación de las lenguas extranjeras o adicionales, sin contar con la herramienta del examen, test o prueba. Nos dirigimos a recoger datos de nuestros estudiantes en la clase, bien dentro del grupo, individualmente, o como resultado de la autoevaluación.

Este tipo de evaluación, llamada alternativa o auténtica, se centra más en el proceso, dejando a un lado el producto final que sería el examen. La evaluación auténtica es una alternativa a la evaluación tradicional y estandarizada que se singulariza en los exámenes, que representa la objetividad gracias a los análisis psicométricos. Liskin Gasparro (1996) señala que en la evaluación alternativa lo que se valora es la autenticidad del instrumento de evaluación y que este debe parecerse a actividades de la vida real.

Cada profesor es normalmente libre de escoger los instrumentos de evaluación del aprendizaje de sus estudiantes. La elección dependerá de factores tan diferentes como la forma de ser del profesor, de los medios, del grupo, de las directrices del centro o de la duración del curso. También tenemos que señalar que los resultados serán tratados de formas diferentes dependiendo de los factores citados anteriormente o de otros como, por ejemplo, si hay que tomar decisiones dependiendo de cómo son estos o el impacto que causan en nuestros estudiantes. De igual modo, la expresión de los resultados deberá establecerse bien con números o letras, o con palabras que marquen los niveles (Apto/no apto, aprobado/suspenso, etc.). Todas estas cuestiones deberán ser estudiadas cuidadosamente llegado el momento de decidir los instrumentos que vamos a utilizar.

Siguiendo diferentes esquemas de instrumentos de evaluación alternativa que hemos recopilado[2], empezaremos con la siguiente clasificación:

a) Formulación de preguntas durante la clase.

Los profesores en el aula obtienen información sobre el aprendizaje de sus alumnos constantemente. Si hacen preguntas, esta información les llega inmediatamente, pero la reflexión en este punto es, por un lado, si el docente toma las mismas medidas y se preocupa de la misma manera en la elaboración de preguntas en el aula que en la elaboración de preguntas de un examen. Obviamente no, ni cuando se trata de preguntas relacionadas con una actividad trabajada en la clase, como un texto de comprensión de lectura. O, ¿entienden nuestros estudiantes las preguntas que les hacemos todos de la misma manera? Obviamente, tampoco. Las preguntas que hace

---

2 Figueras y Puig (2013), y Antón (2013).

el profesor en clase deberían formularse siempre de forma comprensiva y significativa, es decir, siguiendo relación con lo que estamos trabajando.

También es muy importante gestionar el tiempo de respuesta, a veces los profesores nos impacientamos y no dejamos pensar a nuestros estudiantes, les damos pistas sobre sus respuestas o, en el peor de los casos, anticipamos su respuesta. Quizá habría que indagar si esto es una cuestión cultural porque, como todos saben, nuestra cultura rechaza y evita el silencio, con lo cual, muchas veces se crea una presión en nuestros estudiantes, especialmente en los de niveles más bajos y es entonces cuando se quedan callados y no obtenemos respuesta.

b) Retroalimentación

El término quizá sea más usado en su palabra de origen en inglés, *feedback*, que supone la reacción del profesor ante la respuesta del alumno, tanto oral como escrita, formal o informal, durante la clase o en la corrección posterior de la tarea. Lo que sí es válido para todo es que es específica porque se refiere a la actuación concreta del alumno. Figueras y Puig señalan (2013) que el *feedback* no solo se usa para corregir, sino que también es una ayuda de *andamiaje*[3] porque sirve o puede servir para dar pautas, pistas o ayudas para que el estudiante reconduzca su respuesta o pueda completar su actuación.

Las autoras inciden en algo muy importante para ayudar al alumno: la selección de contenidos de la retroalimentación. Tiene que existir un equilibrio entre lo que le proponemos a nuestro estudiante para que pueda encontrar la respuesta correcta y un fomento para su iniciativa y para la búsqueda de la respuesta.

c) Listas de control

Sirven para que el profesor lleve de una manera muy controlada el proceso de aprendizaje y de docencia mostrando todo el recorrido, el que se ha hecho y el que falta por hacer. Las fichas de control se pueden adaptar, es decir, el profesor puede hacer según las unidades del libro, dependiendo de las unidades didácticas, por objetivos o para evaluar las destrezas. Por

---

3 Se refiere al conjunto de actividades e intervenciones en el aula que facilitan la consecución de un objetivo o la finalización exitosa de una tarea.

ejemplo, si queremos saber si nuestros estudiantes han aprendido todo el
español relacionado con el mundo de las compras, podemos elaborar una
lista de control con categorías como "Puede preguntar precios, pedir una
talla o describir un objeto que quiere comprar" y el profesor puede completar la lista con sí o no, Aceptable/muy bien, etc.

d) Hojas de seguimiento

Se trata de instrumento de control del registro de actividades que hacemos
en clase. Normalmente se utilizan para organizar las exposiciones o entre-
gas de tareas escritas que pedimos a nuestros alumnos como parte de la
nota final. No solo las tiene el profesor, pueden estar expuestas en la clase
y, de esta forma, los estudiantes pueden ir viendo los objetivos alcanzados
y lo que queda por hacer.

Presentamos un ejemplo muy simple, pero bastante común que utilizamos en nuestras clases que puede adaptarse a cualquier aula:

Tabla 1.8 Ejemplo de hoja de seguimiento

	Composición	Exposición	Carta formal	..../...
Claire				
Thomas				
.../...				

e) Hojas de observación

Se utilizan normalmente para evaluar cualquier destreza, por lo tanto, son
mucho más específicas y suelen/pueden incluir los criterios que se evalúan
en un examen de dominio; así, en el caso de la destreza escrita, aparecería
como puntuable la adecuación o la coherencia, o en el caso de la destreza
oral, la fluidez o la pronunciación.

f) El diario de clase

Algunos profesores eligen este instrumento para recoger el trabajo que
Se lleva cabo en la clase. Puede hacerse individualmente, con lo cual la
relación alumno-profesor es más estrecha, porque el profesor recoge los
diarios y los supervisa, o en grupo; en este caso se almacenan los datos de
todo el grupo, es decir, lo que se ha hecho conjuntamente. Este método

de evaluación parece haber tenido una gran expansión en Alemania. Es lo que se denomina *counseling* o *coaching*, y que aparece definido como la técnica metodológica que favorece el desarrollo del potencial humano y ayuda a los estudiantes a progresar, de donde están hoy hacia donde pretenden llegar mañana. Esta metodología se basa en el establecimiento de metas personales y en la ejecución de una serie de acciones planificadas que permiten al sujeto poner en práctica determinadas formas de ser y de actuar. (Sánchez Mirón, 2014)

g) Las tutorías

Normalmente, los centros de enseñanzas de lenguas recogen en la organización del curso la necesidad de establecer un horario de tutorías para que los estudiantes se reúnan con los profesores y resuelvan cuestiones que no han quedado claras en el aula. Se trata de una relación entre el profesor y el alumno que permite analizar individualmente el proceso de enseñanza-aprendizaje, recabar muchísima información de primera mano para seguir unas líneas de actuación u otras. Se aconseja preparar la tutoría antes, es decir, el alumno y el profesor deben saber sobre qué aspectos van a trabajar de forma extra, puesto que, si el profesor lo considera necesario, llevará material extra para trabajarlo o para entregar como tarea después de la tutoría.

h) Los cuestionarios

Es aconsejable, al terminar el curso, que el profesor elabore unos cuestionarios, esto es, un documento con preguntas sobre el proceso de aprendizaje para identificar posibles problemas que ha habido en el aula y para saber si han conseguido los objetivos. También son buenos para conocer las opiniones sobre el curso y saber las sugerencias que quieren hacernos. En algunos métodos aparecen al final de cada unidad. Las preguntas que aparecen en ellos deben ser sencillas, breves y mostrar lo que se ha aprendido y hacia dónde vamos.

Recogemos el ejemplo de Figueras y Puig (2013:50) para este instrumento:

Tabla 1.9 Ejemplo de cuestionario

Anota tres cosas que hayas aprendido este trimestre.	1. 2. 3.			
¿Corresponde lo aprendido a tus previsiones?	No	Bastante	Sí	No sé
Anota dos cosas que valores positivamente del trabajo en el aula.	1. 2.			
¿Qué no has aprendido y crees que deberías haber aprendido?				
¿Qué actividades te han gustado más este trimestre?				
¿Te sientes satisfecho con el trabajo realizado?	0	2	4	6	8	10
¿Tienes alguna sugerencia para el próximo trimestre?				

i) Trabajo final

La tarea final o trabajo al terminar una unidad, además de servir como repaso de lo que hemos enseñado, nos sirve para extraer la información de lo que nuestros estudiantes han aprendido y, algo muy importante, ver la manera de mejorar nuestro trabajo. Observando las carencias, podremos planificar un nuevo método de trabajo o incidir en aquellos aspectos que han resultado problemáticos. Se puede hacer de forma individual o colectiva y mediante parrillas, cuestionarios o instrucciones adaptadas a lo tratado en la unidad didáctica o parte del curso en la que nos centremos.

Por citar algún ejemplo, en las clases de español de los negocios, dedicamos una unidad al Marketing y la publicidad; los estudiantes, en grupos de tres, deben crear un producto, diseñar una campaña de marketing y hacer un anuncio de televisión. Se trata de que los estudiantes lleven a cabo acciones parecidas a las que hacen en la vida real, es decir, basar la evaluación en la actuación (*performance assessment*). Este proyecto integra varias destrezas lingüísticas, porque no solo se trata de demostrar su habilidad en la expresión oral, también tienen que entregar por escrito al profesor un pequeño informe de cómo se va a realizar la campaña. El profesor debe dar las pautas de forma clara y específica de los objetivos que tienen que conseguir y de cómo hacer el trabajo. También se pueden reunir con el profesor para comentar cómo lo van haciendo.

j) El portafolio o dosier

Como ya definimos anteriormente, un portfolio es una carpeta de trabajos que nos proporciona información muy útil: cómo aprenden la lengua los estudiantes, qué tipo de errores cometen y qué estrategias han utilizado. El aprendiz puede ir viendo lo que va aprendiendo, con lo cual, es más autónomo. Dejando aparte el *Portfolio europeo de las lenguas* (PEL), queremos referirnos a este instrumento de evaluación para no sólo referirnos al contexto de la escritura, sino también a un portafolio como una selección de trabajos que ha realizado el alumno.

Moore (2007) propone los siguientes pasos a seguir por los profesores si quieren incorporar el portfolio en sus clases como elemento de evaluación:

Tabla 1.10 Portfolio (Moore, 2007)

Pasos para la creación de un portfolio en el aula
1. Explica a los alumnos qué es un portfolio y cómo se evalúa.
2. Decide cuántos trabajos se van a incluir y de qué tipo.
3. Establece el tiempo de elaboración del portfolio.
4. Da instrucciones detalladas para la creación de los trabajos a incluir o colabora con los estudiantes en la fase de planificación de los trabajos
5. Crea una parrilla de evaluación para evaluar los portfolios y compártela con los estudiantes desde el inicio del portfolio o prepárala en colaboración con ellos.
6. Da oportunidades de autoevaluación del portfolio así como de evaluación de compañeros.
7. Da retroalimentación a los estudiantes sobre su portfolio DURANTE el periodo de elaboración de este con el fin de que puedan incorporar tus comentarios y los de sus compañeros y hacer revisiones.

k) Técnicas de evaluación en el aula (TEAS)

Para Angelo y Cross (1993), las TEAS consisten en técnicas útiles y fáciles que permiten al docente recoger datos de los estudiantes que muestran el proceso de aprendizaje. Profesor y alumnos se benefician de su uso en el aula, pues se trata de una evaluación formativa que busca mejorar el aprendizaje y no dar una calificación. Se ajusta al contexto porque responde a la dinámica de un grupo determinado. Antón (2013) recoge las más populares:

- EL ENSAYO DE UN MINUTO es una técnica eficaz y rápida de recopilar retroalimentación de los alumnos. Comúnmente se realiza al final del periodo de clase. El instructor hace una o varias preguntas relacionadas con el curso a los alumnos para responder por escrito. Preguntas típicas serían que los alumnos señalen lo más importante que aprendieron durante la sesión de clase y que identifiquen temas que precisen aclaración. Las respuestas permiten al docente hacer ajustes al plan de la clase siguiente de manera que la instrucción se adapte mejor a las necesidades del grupo.
- DIAGRAMAS O CUADROS EN BLANCO dados al final del periodo de clase sirven para evaluar el conocimiento de fórmulas lingüísticas, especialmente paradigmas (verbales, etc.) Una revisión rápida de las respuestas de los alumnos descubre puntos problemáticos para la mayoría y ayuda al profesor a planificar la clase siguiente según los resultados.
- LA COMUNICACIÓN ELECTRÓNICA con los alumnos fuera del aula posibilita la expresión de actitudes hacia la clase, materiales del curso, etc. El profesor envía una pregunta breve sobre cualquier aspecto del curso que los alumnos responden libremente.
- El resumen de la clase anterior es una técnica que consiste en que los alumnos describan durante unos minutos al comienzo de la clase una lista de palabras o frases cortas que representen lo más importante que aprendieron en la última clase, preguntas sobre cuestiones no contestadas en la clase previa y un comentario sobre lo que más les gustó o encontraron más útil de la clase anterior.

Adaptado de Antón (2013)

l) La autoevaluación

Habría que diferenciar entre la autoevaluación de una tarea o unidad didáctica o la autoevaluación de toda una destreza. Para llevar a cabo la autoevaluación podemos servirnos de los descriptores del MCER (vid infra) o de parrillas que construyamos nosotros mismos (vid tabla1.12). En cualquier caso, se trata de que los alumnos evalúen su propio trabajo y, al mismo tiempo, de potenciar su autonomía y responsabilidad en el proceso individual del aprendizaje. Nos parece fundamental una explicación por parte del profesor de la finalidad del ejercicio de autoevaluación, y proporcionarles tiempo suficiente. Es una técnica muy útil para concienciar al alumno sobre su progreso. Es un buen complemento para la evaluación del profesor, pero nunca lo reemplaza.

Tabla 1.11 MCER, Capítulo 3_2 Cuadro 2. Niveles comunes de referencia: cuadro de autoevaluación

COMPRENDER	A1	A2
Comprensión auditiva	Reconozco palabras y expresiones muy básicas que se usan habitualmente, relativas a mí mismo, a mi familia y a mi entorno inmediato cuando se habla despacio y con claridad.	Comprendo frases y el vocabulario más habitual sobre temas de interés personal (información personal y familiar muy básica, compras, lugar de residencia, empleo). Soy capaz de captar la idea principal de avisos y mensajes breves, claros y sencillos.
Comprensión de lectura	Comprendo palabras y nombres conocidos y frases muy sencillas, por ejemplo, las que hay en letreros, carteles y catálogos.	Soy capaz de leer textos muy breves y sencillos. Sé encontrar información específica y predecible en escritos sencillos y cotidianos como anuncios publicitarios, prospectos, menús y horarios y comprendo cartas personales breves y sencillas.
	B1	B2
Comprensión auditiva	Comprendo las ideas principales cuando el discurso es claro y normal y se tratan asuntos cotidianos que tienen lugar en el trabajo, en la escuela, durante el tiempo de ocio, etc. Comprendo la idea principal de muchos programas de radio o televisión que tratan temas actuales o asuntos de interés personal o profesional, cuando la articulación es relativamente lenta y clara.	Comprendo discursos y conferencias extensos e incluso sigo líneas argumentales complejas siempre que el tema sea relativamente conocido. Comprendo casi todas las noticias de la televisión y los programas sobre temas actuales. Comprendo la mayoría de las películas en las que se habla en un nivel de lengua estándar.

Tabla 1.11   Continúa

COMPRENDER	A1	A2
Comprensión de lectura	Comprendo textos redactados en una lengua de uso habitual y cotidiano o relacionada con el trabajo. Comprendo la descripción de acontecimientos, sentimientos y deseos en cartas personales.	Soy capaz de leer artículos e informes relativos a problemas contemporáneos en los que los autores adoptan posturas o puntos de vista concretos. Comprendo la prosa literaria contemporánea.
	C1	**C2**
Comprensión auditiva	Comprendo discursos extensos incluso cuando no están estructurados con claridad y cuando las relaciones están sólo implícitas y no se señalan explícitamente. Comprendo sin mucho esfuerzo los programas de televisión y las películas.	No tengo ninguna dificultad para comprender cualquier tipo de lengua hablada, tanto en conversaciones en vivo como en discursos retransmitidos, aunque se produzcan a una velocidad de hablante nativo, siempre que tenga tiempo para familiarizarme con el acento.
Comprensión de lectura	Comprendo textos largos y complejos de carácter literario o basados en hechos, apreciando distinciones de estilo. Comprendo artículos especializados e instrucciones técnicas largas, aunque no se relacionen con mi especialidad.	Soy capaz de leer con facilidad prácticamente todas las formas de lengua escrita, incluyendo textos abstractos estructural o lingüísticamente complejos como, por ejemplo, manuales, artículos especializados y obras literarias.

Nombre y apellidos:_____

Fecha:_____

Rubric "Vamos a un restaurante": Role-Play Conversation Rubric
Role-Play Conversation Scoring Rubric

Tabla 1.12 Ejemplo de Parrilla de evaluación

CRITERIA	Ready for grade school play (1 point—Below Average)	Ready for a community theatre! (3 points—Good)	Ready for Broadway! (5 Points—Excellent)
Language use	Heavy reliance on English words, word order, and pronunciation	Frequent use of English words, word order, and pronunciation	Can "talk around" an exact word in order to sustain conversation
Ability to sustain conversation	Only answers partner's direct questions	Both asks and answers partner's questions and can state an opinion	States opinions, gives reasons, and agrees or disagrees with partner
Conversation interaction	No conversational reaction to what partner said	Very limited conversational reaction to what partner said	Responds naturally to what partner said
Vocabulary use	Very limited and repetitive	Only recently acquired vocabulary used	Both recently acquired and previously learned vocabulary used
TOTAL POINTSs: 18–20 points = A; 15–17 points = B; 12–14 points = C; 8–11 points = D			

m) Evaluación de compañeros

Desde siempre, la figura del profesor se ha asociado al evaluador, pero ni esto siempre es así, ni esto es exclusivamente así. Los estudiantes también pueden evaluarse entre sí. Para Lund (2008), involucrar a los alumnos en el proceso de evaluación aumenta la validez de las calificaciones porque explicita los criterios de evaluación. El profesor debe darles pautas de cómo debe llevarse a cabo la evaluación, debe explicarles muy bien todos los criterios de evaluación y compartir con ellos los mismos instrumentos de evaluación, por ejemplo, las parrillas. Mostramos un ejemplo que incluye

Antón (2013) que ayuda a los alumnos a reflexionar sobre lo que el profesor les exige cuando les manda resumir una lectura. Hay una alta probabilidad de que coincida con la evaluación del profesor, lo cual aumenta la validez de la opinión del profesor.

Tabla 1.13 Evaluación de compañeros

	Perfectamente	Más o menos	Deficientemente	Recomendaciones
Mi compañero expresa con claridad el tema general				
Mi compañero/a expresa con claridad y coherencia las ideas principales y detalles para apoyarlas				
Mi compañero incluye comentarios que demuestran profundidad de análisis de la lectura				
Mi compañero/a se expresa con claridad y corrección en español				

n) Evaluación dinámica

Desde el campo de la psicología, recibimos esta evaluación a través de la cual se intenta medir, intervenir y documentar el proceso de aprendizaje.

Poehner (2008) señala que la evaluación no debe quedarse en lo que el candidato es capaz de hacer por sí mismo, sino que también debería medir lo que es capaz de hacer con la ayuda de otros, ya sean objetos o personas. Este tipo de evaluación busca obtener recomendaciones para el desarrollo de los alumnos. Se fija como objetivo detectar alumnos con probabilidad de fracaso académico para describir sus habilidades y, de este modo, la evaluación resulte en el diseño de un plan de instrucción individualizada. Para todo esto se debe contar con un examinador que pueda guiar al estudiante, por ejemplo, diciendo cuáles son los puntos importantes o establecer objetivos para poder estimar la habilidad del estudiante cuando actúa individualmente o cuando recibe ayuda. Podemos citar como ejemplo, en el caso de una prueba oral, cuando el examinador da pistas.

Hay dos escuelas de evaluación dinámica:

– Interaccionista: es un enfoque cualitativo y favorece la interpretación de situaciones de aprendizaje sobre la cuantificación de resultados. Podemos señalar el modelo interaccionista que sigue Antón (2009) y que realizó en dos secciones de un examen de diagnóstico. Durante la prueba de expresión escrita los estudiantes escriben un texto en español que revisaron en tres fases. En la primera fase leyeron el texto en voz alta con un evaluador e hicieron revisiones. En la segunda, los candidatos pudieron consultar diccionarios y un manual de gramática y, por último, pudieron hacer preguntas al examinador. Para sorpresa de muchos, la mayoría de las correcciones se hicieron en las dos primeras fases, siendo ligeramente superior en la primera fase, es decir, en la revisión independiente más que en la del diccionario y la gramática. La otra sección fue en una prueba de expresión oral con una entrevista con el examinador. Los estudiantes tenían que contar una pequeña historia en pasado apoyándose en un soporte visual. Después de la intervención del alumno, el examinador decidía si debía ayudarlo en una segunda fase mediante preguntas, pistas léxicas o sugerencias que lo ayudaban a construir un discurso de un nivel más alto. Si esta ayuda no era suficiente, en la tercera fase, el evaluador hacía la narración y le pedía al alumno que la repitiera. Esta mediación pone en evidencia más matices sobre la capacidad del alumno que la evaluación tradicional porque, dependiendo de la mediación, se revelan más datos de la capacidad de actuación del candidato que en una producción lingüística por sí misma. La puntuación que recibe el candidato por su actuación independiente se acompaña de un informe cualitativo donde se incluyen recomendaciones individualizadas que buscan solucionar las deficiencias que se han observado.

– Intervencionista: es un enfoque cuantitativo que consiste en tres fases: la primera es la prueba previa para evaluar la actuación independiente, después vendría la intervención para modificar la actuación y, por último, la prueba posterior para evaluar el efecto de la intervención.

1.5. TIPOLOGÍA DE EJERCICIOS PARA LA EVALUACIÓN

Antes de adentrarnos en los procedimientos de la evaluación de cada destreza, queremos señalar algunos puntos de reflexión/orientación que debemos considerar a la hora de crear las pruebas.

– ¿Queremos evaluar la comprensión o la interacción y expresión?
– ¿Qué textos debemos seleccionar?
– ¿Qué tipo de preguntas podemos proponer en las pruebas que tengan coherencia con lo que se enseña en el aula?
– ¿Qué nivel deben tener las tareas incluidas en las pruebas?
– ¿Qué pautas hay que seguir para crear las tareas?
– ¿Deben adscribirse al a los descriptores del MCER?
– ¿Se evalúa la medición en alguna de las tareas?

1.5.1. EJERCICIOS PARA EVALUAR LA COMPRENSIÓN DE LECTURA

La comprensión de lectura de textos para un aprendiz de L2 cuenta con factores diferentes que la comprensión de lectura de textos de un hablante nativo. Estos factores, han de tenerse en cuenta a la hora de diseñar los exámenes. Comprender textos es un proceso interactivo. En el caso de una lengua adicional, no solo hay que descodificar el texto, hay que tener en cuenta su conocimiento de esa lengua y esa cultura porque el lector hace predicciones y procesa esa información con todas las "armas" que tiene, es decir, la sintaxis, la semántica y el sistema grafo fónico. (lectura *top down*). Después relaciona todo lo que lee con todo lo anterior que tiene de bagaje.

Además, procesa la información que extrae del texto (*bottom up*). Por último, no debemos olvidar que cuanta más familiaridad tenga el lector de la lengua

adicional con el tema que está leyendo, mayores serán las posibilidades de éxito en la interpretación de los textos.

Bernhardt (1991) diferencia dos tipos de lectores aprendices:

o Los que entienden unidades de lengua presentadas de forma separada, pero que no pueden interpretar un texto completo.
o El que tiene grandes dificultades para entender unidades individuales, pero consigue una comprensión total de los textos.

Por ello, un buen procedimiento para evaluar la destreza, tiene que encontrar un equilibrio entre estas dos posibilidades.

El primer paso es determinar el tipo de prueba. Si es un examen de aprovechamiento, de nivel de dominio, etc. De esto depende el contenido y también, si hay que especificar niveles de dominio. No deberían hacerse ejercicios muy diferentes a los que hacemos en el aula, puesto que la diferencia es lo que hacemos con los resultados y el planteamiento que nos hacemos. En el examen comprobamos el éxito y en el aula buscamos facilitar la comprensión

Quizá podríamos limitar la elección del tipo de ejercicio por una razón, en el aula las respuestas abiertas tienen mayor cabida, mientras que, en los exámenes, a efectos de corrección y calificación es más fácil evaluar con respuestas cerradas, además de ser una evaluación más objetiva y resultar, por tanto, en una mayor fiabilidad del examen. Además, está comprobado que la aceptabilidad de las pruebas de un examen, es decir, que el candidato no rechace la prueba porque el formato y la mecánica le son familiares, garantizan la validez de la prueba. (Bordón, 2006:110). Como consecuencia de esto, el evaluador debe reflexionar sobre los motivos por los que un candidato puede no aceptar una prueba. A continuación, enumeramos algunos:

– Instrucciones poco claras o mal estructuradas.
– Instrucciones adecuadas al nivel del candidato
– Textos con autenticidad

1.5.1.1. Las tareas

En primer lugar, debemos atender a las especificaciones de la prueba, que como dijimos anteriormente, dictan las pautas a seguir en la confección del examen. Estas tareas deben evaluar lo que persigue la prueba, que puede ser:

– Si el candidato puede comprender la idea general del texto.
– Si el candidato comprende las ideas principales y consigue distinguirlas de las secundarias.
– Si puede identificar detalles o información específica incluida en el texto.
– Si es capaz de determinar la función comunicativa y la tipología del texto.
– Si logra reconocer la actitud o intención del autor al describir el texto.

Todos estos aspectos están estrechamente relacionados con la longitud del texto. A mayor longitud, mayor posibilidad de evaluar diferentes aspectos.

Un aspecto que no debemos olvidar y que no siempre se tiene en cuenta, es que las instrucciones de las tareas, deben ser accesibles al candidato, es decir, el candidato debe saber qué se le está pidiendo. En el caso del examen USAL esPro, al tratarse de un test adaptativo, se acordó que las instrucciones de las tareas debían tener un nivel B1 porque en el caso de las tareas de A1 y A2, los candidatos no tenían problemas para entenderlas al tratarse de un tipo de lengua casi mecánica: "seleccione, escuchará" y que con el propio diseño de las tareas no dejan lugar a ninguna duda. En el caso de los DELE sí que se están adaptadas las instrucciones de cada tarea a cada nivel.

1.5.1.2. Ítems

Son uno de los procedimientos más utilizados para conseguir respuestas cerradas. Se incluyen en todo tipo de tests. Formaban parte de las pruebas estructuralistas del pasado y se cuestionó si, con el enfoque comunicativo, podrían valer igualmente para evaluar. Con los ítems se pueden evaluar tanto la comprensión lectora, como la comprensión auditiva, la gramática y el vocabulario. Entre las características de los ítems de selección múltiple, podríamos señalar que son aceptados por los candidatos porque los conocen, permiten evaluar a grupos numerosos y también cumplen con el principio de autenticidad, siempre y cuando la elección de textos sea correcta. Con esto queremos decir que los textos pueden sufrir adaptaciones, pero siembre deben estar basados en textos reales. Por ejemplo, en el caso de los DELE, a partir del C1 los textos solo se modifican para que tengan la longitud exigida, pero no por cuestiones de nivel de lengua. Sin embargo, en el examen de español USAL esPro se recomienda que los textos no sean reales, entre otras cosas, porque los datos que aparecen en los textos, pueden perder actualidad y no ser válidos ni aun cuando se revisan pasado el tiempo. La fiabilidad que proporcionan es muy alta porque hay una única respuesta correcta, es decir, no hay margen de criterio para los correctores. Generalmente, los textos tienen varias preguntas para poder abarcar el constructo del candidato resultando así en la validez. Los resultados son analizables estadísticamente para poder ver su comportamiento y su reforma para conseguir la calidad deseada.

Pero no es suficiente reconocer este formato como forma idónea de evaluación, puesto que la confección de ítems debe hacerse siguiendo las normas de creación de ítems, que muchas veces se convierte en un arte. Han de hacerse con un equipo formado de redactores de ítems. De este modo, los ítems deben estar equilibrados, deben referirse a la información que aparece en el texto, deben tener distractores de más o menos la misma longitud, deben ser plausibles, no deben responderse sin leer el texto, etc.

Presentamos un esquema con los diferentes tipos de ítems que pueden ser corregidos con una plantilla, es decir, con una hoja de respuestas.

Tabla 1.14 Tipos de ítems

Ítems de respuesta cerrada
Verdadero/falso
Respuesta múltiple (*Multiple choice*)
Relacionar emparejar (*Matching*)
Ordenamiento de la información
Reintegración de un fragmento a un texto
Transferencia de información
Ítems de respuesta dirigida
Cloze
Tipo C (C-Test)
Completar huecos o espacios en blanco

1.5.1.2.1. Ítems de respuesta cerrada

Se llaman así porque el candidato se enfrenta a distintas opciones (distractores), pero solo una es correcta.

- Ítems verdadero o falso/dicotómicos.

El candidato tiene que decidir si lo que dice el ítem es verdadero o falso.

Se utilizan normalmente para las pruebas de comprensión y son fáciles de redactar, puesto que no hay que crear distractores. Además, suponen una calificación o puntuación bastante simple. Cuentan con detractores porque cuando el candidato decide una opción, supone el 50 % de acierto o de equivoco, con lo cual, el azar puede tener su protagonismo. Carroll y Hall (1985) añaden una tercera opción, la de "no se sabe" porque creen que si se introduce una tercera posibilidad disminuye la incidencia de acierto casual, porque el mayor número de distractores elimina esa incidencia de azar, como es lógico, pero ese distractor de "no se sabe" resulta ambiguo y confuso.

Ebel y Frisbie (1991) defienden este tipo de ítems si discriminan y son consistentes. Para ello, proponen elaborar más opciones falsas que verdaderas porque los estudiantes marcan como verdaderas afirmaciones que son admisibles y cuando se dan cuenta de que son falsas, se centran más para hacer la actividad y se elimina el azar.

Bordón (2006) aconseja el uso de este tipo de ítems para controles o pruebas de diagnóstico, ya que se le puede pedir al candidato que justifique su respuesta remitiéndole al texto, pero para otro tipo de exámenes, por ejemplo, de dominio, no es adecuado porque se administran a un grupo numeroso e impedirían la corrección automática.

Ejemplo

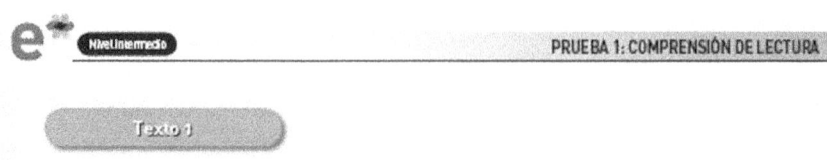

PRUEBA 1: COMPRENSIÓN DE LECTURA

Texto 1

DALÍ EN BUENOS AIRES

Pasado mañana se presentará en el Centro Cultural Borges *Dalí, el surrealismo*, una de las muestras más importantes del artista catalán que puede verse en todo el mundo, debido a la cantidad y calidad de las piezas. La exposición comprende 350 obras y está integrada por esculturas, trabajos en plata, serigrafía, litografías originales y otras piezas que por primera vez se exhibirán en Buenos Aires.

La colección *Dalí, el surrealismo* pertenece a Eric Sabater, secretario de Dalí desde 1968 hasta 1980. Se trata de una muestra itinerante, que en los últimos tres años ha sido exhibida en varias provincias argentinas, en las cuales se organizaron, a la vez, un sinfín de actividades culturales relacionadas con el artista. En Córdoba, por ejemplo, se realizó un concurso que convocó a más de 600 personas que presentaron sus trabajos (óleos, esculturas y otros objetos artísticos) sobre Dalí. De estas obras, 40 fueron seleccionadas y presentadas en el Pabellón Argentino de la Ciudad Universitaria de Córdoba.

Las obras que acogerá ahora el Centro Cultural Borges están ordenadas cronológicamente. El recorrido de la exposición comienza con un homenaje que Dalí hizo a El Bosco, pintor flamenco del siglo XV a quien algunos críticos consideran el primer pintor *surrealista*, continúa con las ilustraciones que el pintor realizó de *La vida es sueño*, del escritor Calderón de La Barca, y finaliza con la serie completa de 80 tablillas inspiradas en *Los Caprichos*, del pintor español Francisco de Goya. También habrá un espacio para la producción que Dalí realizó entre 1950 y 1980 donde, entre otras obras, figuran las series completas de *El Tarot* (28 litografías de gran tamaño donde su esposa Gala posó como modelo) y de *Don Quijote*.

La muestra estará abierta hasta el día 22 de junio. Durante esos días se exhibirá también una serie de fotos que plasman la vida de Dalí y su esposa en el pueblo de Cadaqués y se realizarán, además, un festival de cine surrealista y un ciclo de conferencias sobre el arte y la literatura surrealistas.

La entrada a la exposición tendrá un valor de seis pesos para el público en general y de cuatro para estudiantes y jubilados; lo recaudado servirá para solventar los gastos de traslados y la restauración y los seguros de las obras.

(Adaptado de *La Nación*. Argentina)

Fig. 3. Examen DELE, Modelo 0, nivel intermedio

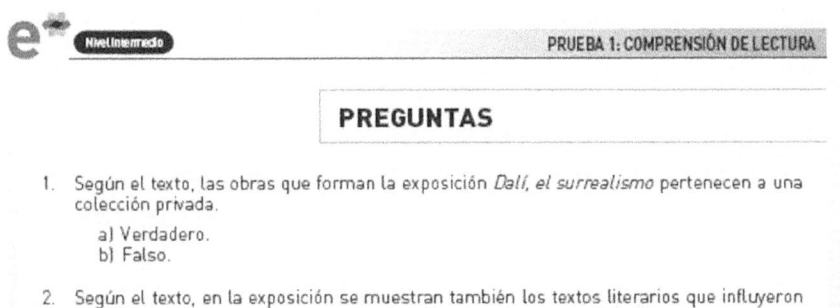

PREGUNTAS

1. Según el texto, las obras que forman la exposición *Dalí, el surrealismo* pertenecen a una colección privada.

   a) Verdadero.
   b) Falso.

2. Según el texto, en la exposición se muestran también los textos literarios que influyeron en Dalí.

   a) Verdadero.
   b) Falso.

3. En el texto se dice que en la muestra se exhibirá también un documental sobre el artista.

   a) Verdadero.
   b) Falso.

Fig. 4. Examen DELE, Modelo 0, nivel intermedio

Incluimos un cuadro resumen de Figueras y Puig (2013) que nos parece muy útil como resumen de las pautas de construcción de este tipo de ítems y sus características.

Tabla 1.15 Pautas para la construcción de ítems

– Relativamente fáciles de redactar.
– Proceso cognitivo similar al que se realiza en la vida real en la comprensión de textos.
– Si son consistentes y discriminan, no aciertan al azar.
– Se pueden redactar muchos para evaluar un amplio espectro de la competencia del aprendiente, lo que aumenta la validez de la prueba.
– Los enunciados deben corresponder a información que está en el texto.
– Los enunciados no pueden ser en parte verdaderos y en parte falsos.
– No se debe poder contestar a las preguntas por conocimiento del mundo, sin leer o escuchar el texto.

• Ítems de opción múltiple.

El candidato tiene que elegir la respuesta correcta de entre varias opciones, tres o cuatro.

Oller (1979) propone una serie de pasos a tener en cuenta en la elaboración de los ítems. Son los siguientes:

1. Tener una noción clara de lo que se necesita examinar.
2. Seleccionar el contenido apropiado para el ítem y diseñar un formato de ítem apropiado.
3. Escribir los ítems del examen.
4. Que un experto en la materia lea los ítems por si existen problemas de redacción, vaguedad, ambigüedad o falta de claridad.
5. Volver a escribir los ítems flojos o revisar el formato del test para conseguir la máxima claridad respecto a lo que se exige al candidato.
6. Hacer *pretest* de los ítems en alguna muestra idónea de individuos, distinto de los del grupo meta.
7. Hacer un análisis de los ítems a partir de los datos extraídos del *pretesting*.
8. Descartar o volver a escribir los ítems que se han revelado como muy difíciles, muy fáciles o con escasa discriminación. Volver a escribir o descartar alternativas no funcionales basadas en distribuciones de frecuencia de respuestas.
9. Si es posible, realizar de nuevo los pasos 6 y 8 hasta que se haya alcanzado un número suficiente de buenos ítems.
10. Comprobar la validez del producto a través de alguna de las fórmulas existentes para ello.
11. Administrar el examen a la población meta. Tratar los datos obtenidos de la misma forma que los del paso 6 y realizar los pasos 7 y 8 hasta que se hayan alcanzado consistentemente niveles óptimos de fiabilidad y validez.

Bordón (2006:116)

A continuación, mostramos algunos ejemplos

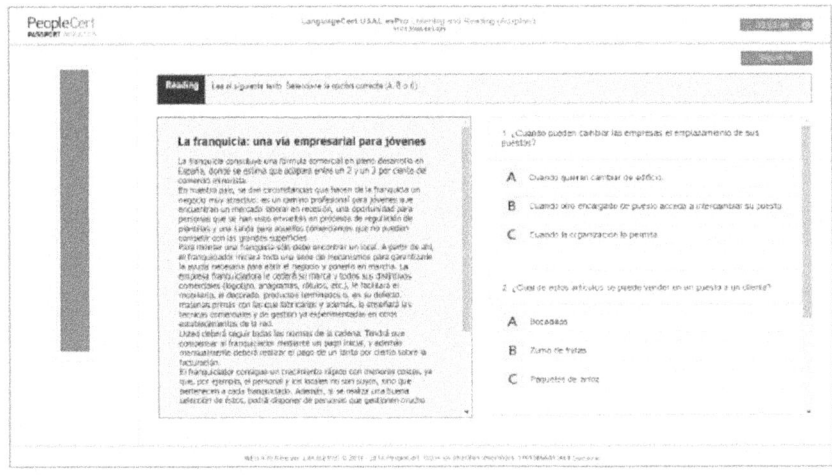

Fig. 5 Ejemplo de ítems de opción múltiple. Examen adaptativo USAL esPro

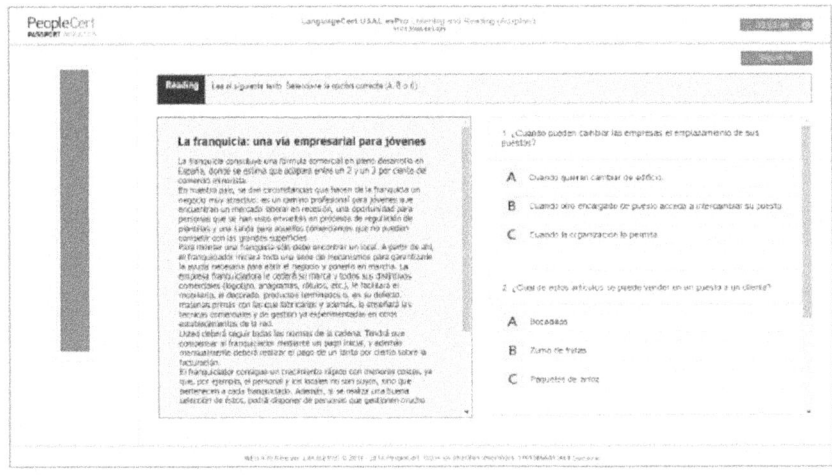

Fig. 6 Ejemplo de ítems de opción múltiple. Examen adaptativo Goethe-Test PRO

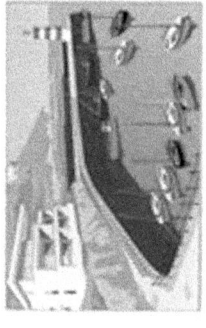

Which picture are they looking at?

1

Fig. 7 Ejemplo de ítems de opción múltiple. Examen adaptativo Linguaskill

A continuación, recogemos, al igual que con los ítems dicotómicos, un cuadro resumen de las mismas autoras.

Tabla 1.16 Resumen de normas de creación de ítems de opción múltiple

- La opción correcta y los distractores proceden de lo que dice el texto.
- Cada distractor debe cumplir su función; más opciones no implica la bondad de los distractores.
- Dos formatos:
    o Pregunta cerrada, cuya respuesta son las opciones que se presentan.
    o Tronco (proposición de la que parten las opciones)
- Proceso cognitivo distinto al de la vida real en la comprensión de textos.
- Elevado índice de discriminación.

- Ítems de relacionar o emparejar (*Matching*)

El candidato tiene que relacionar un texto corto con un titular o afirmación. Se utiliza no solo para evaluar la comprensión de lectura, también sirve para la comprensión auditiva. El nivel de dificultad va descendiendo a medida que el candidato va resolviendo la tarea si lo ha hecho bien. A veces se pueden redactar algunos distractores. Incluimos ejemplo de este tipo de ítems.

Tarea 4

INSTRUCCIONES

A continuación tiene seis textos (A-F) y ocho enunciados (19-26). Léalos y elija el texto que corresponde a cada enunciado.

RECUERDE QUE HAY TEXTOS QUE DEBEN SER ELEGIDOS MÁS DE UNA VEZ.

Marque las opciones elegidas en la **Hoja de respuestas.**

Narrativa de publicación reciente

A	Según nos confesaba su autor, Francisco Díaz Guerra, él no concibió *El alfabeto de las 221 puertas* como una narración destinada exclusivamente al público juvenil: fueron la oportunidad de presentarlo a concurso y el galardón subsiguiente los que determinaron la trayectoria de la obra. De hecho, el lector no prevenido de esta circunstancia, excesivamente predispuesto para una lectura fácil, puede sorprenderse al toparse con una novela que no encaja con los parámetros esperados en la novela juvenil, por una prosa que se apoya en una sintaxis de cierta complejidad y emplea sin reparos expresiones arcaicas a tono con la época en la que está ambientada.
B	*Diabolus in música* es, a priori, una historia sentimental entre una joven y un maduro actor donde el pasado juega un papel fundamental. Ella es una figura muy trabajada, con gran complejidad y profundización psicológicas. Aunque es capaz de tomar decisiones contundentes, es una mujer que necesita una protección total y demostraciones continuas de afecto. En muchos momentos se ve desbordada y absorbida por los pocos personajes que la rodean. Esta debilidad se manifiesta en su mundo cerrado y hermético y en sus obsesiones y miedos, que la acercan más a una adolescente que a una adulta, aunque se mueva en esos círculos.
C	La obra *El cortafuegos* se concibe como un libro de historia para un teórico lector del siglo XXV. Por ello, Luis Ángel Cofiño ha trabajado mucho el trasfondo político y lo ha plasmado cuidadosamente. Esa abundancia de detalles, esa credibilidad a base de acumulación, es uno de los grandes logros de la novela. La narración de hechos y la exposición histórica están bien equilibradas. El narrador, tal y como hacían los narradores medievales, adelanta pequeños acontecimientos o desvela algunas pistas de lo que sucederá. Es un magnífico método para aumentar la intriga y la atención del lector que da muy buenos resultados.

Fig. 8 Examen DELE, Modelo 0, Nivel C1, Tarea 4.

PREGUNTAS

19. Uno de los personajes principales muestra gran ambivalencia, presentándose como fuerte y frágil a la vez.

    A)   B)   C)   D)   E)   F)

20. Se trata de una obra que alterna dos géneros diferentes.

    A)   B)   C)   D)   E)   F)

21. Es agradable el contraste que a veces surge entre lo que cuenta el libro y el efecto que produce.

    A)   B)   C)   D)   E)   F)

22. Los personajes de estos relatos no se rebelan ante sus circunstancias, a pesar de desear hacerlo.

Fig. 9 Examen DELE, Modelo 0, Nivel C1, Tarea 4.

- Ítems de ordenamiento

El candidato en estos ítems debe reconstruir un texto en el que se han desordenado los fragmentos con el fin de evaluar so los candidatos pueden dar coherencia y cohesión al texto. Es una prueba difícil porque a veces, el orden guarda cohesión y coherencia sin ser el orden correcto, con lo cual, debería recogerse en la clave y esto no sería un ejercicio rentable. Está más indicado en los procesos de aprendizaje, en los exámenes de aprovechamiento. Así podríamos saber qué ha hecho que nuestros estudiantes hayan decidido ese orden.

Tabla 1.17 Ejemplo de Ítems de ordenamiento

Texto desordenado
Los siguientes fragmentos pertenecen a un texto que hemos dividido y desordenado. Numérelos siguiendo un orden lógico de modo que el texto recupere su coherencia original. Para facilitarle la labor, le damos la frase con la que se inicia el texto:
*FRASE INICIAL: " **Ésta es una historia de cuento de hadas"***
N° _____ Zeynel, el viejo y fiel eunuco que acompañó a su ama en la desgracia, entregó a Kenizé al embajador suizo, explicó la historia de la niña y se perdió después en la noche de los tiempos.
N° _____ Se llama Kenizé Mourad y es hija de una sultana otomana y de un rajá indio.
N° _____ Ahora, tantos años después de todo aquello, Kenizé acaba de publicar una inmensa novela titulada *De parte de la princesa muerta*, que ha sido fulminante éxito de venta en Francia y que va camino de conquistar todos los mercados internacionales.
N° _____ Tiene toda la magia y toda la crueldad inherente a este tipo de relatos, poblados de embrujadoras princesas, pero también de manzanas envenenadas y de madrastras bárbaras.
N° _____ El libro es el relato de la apasionante vida de Selma, su madre, la sultana; o, dicho de otro modo, es la reconstrucción de los orígenes de Kenizé, de sus raíces. Una obra colosal con la que nuestra princesa ha intentado reconciliarse con su existencia.
N° _____ Nació en París en 1939 y un año y medio después murió su madre, la sultana, que para entonces vivía en la más absoluta pobreza en una Francia tomada por los alemanes.
N° _____ Nuestra princesa tiene 48 años y un cuerpo levísimo envuelto en un camisero rojo muy francés. Flota dentro de sus ropas, frágil y delicada, del mismo modo que parece flotar sobre el mullido asiento sin dejar la marca de su peso.

- Ítems de reintegración de un fragmento a un texto

Los candidatos deben colocar un fragmento que se ha extraído de un texto escrito en su lugar de origen. Deben ser ubicables por el contexto, no por la forma o la gramática. Esto último es el quid para la confección de este tipo de ítems, el candidato debe encontrar la comprensión del texto, discernir lo que son distractores, de la opción correcta.

Ejemplo

Prueba 1.   Comprensión de lectura   Nivel B2   e⁺

Tarea 3

INSTRUCCIONES

Lea el siguiente texto, del que se han extraído seis fragmentos. A continuación lea los ocho fragmentos
propuestos (A-H) y decida en qué lugar del texto (17-22) hay que colocar cada uno de ellos.

HAY DOS FRAGMENTOS QUE NO TIENE QUE ELEGIR.

Marque las opciones elegidas en la **Hoja de respuestas.**

Los videojuegos como arte

David Cuen

De cada diez veces que aparece una noticia relacionada con un videojuego en un medio de comunicación, nueve
son para decir algo malo. Casi con toda seguridad hablarán de su violencia, discutirán su papel educativo o
destacarán las ganancias millonarias que genera esta maléfica industria. 17_____.

Pero a pesar de que todavía somos muy pocos los que consideramos que los videojuegos son una forma de arte,
al menos nuestra opinión ya empieza a ser conocida en distintos ambientes.

18_____. En primer lugar, tienen mucho que ver con el arte narrativo; muchos videojuegos
cuentan una historia de principio a fin utilizando una gran variedad de técnicas y procedimientos narrativos. En
segundo lugar, también tienen relación con las artes visuales. 19_____. Y, por último,
también parece evidente su relación con la música: la música que aparece en algunos videojuegos y la calidad
de la edición de sonido no tienen nada que envidiar a lo que solemos encontrar en el cine.

20_____. Por ejemplo, la Academia Británica de las Artes Cinematográficas y de la Televisión
(BAFTA, por sus siglas en inglés) premia cada año a los mejores videojuegos y otorga premios, entre otros, a la
mejor música original, al uso de audio de mayor calidad o a las mayores innovaciones tecnológicas. A pesar de
estos datos, quienes consideran que los videojuegos nunca serán un arte argumentan que la experiencia del
entretenimiento digital jamás podrá compararse con la del cine. 21_____.

Es evidente que no todos los videojuegos pueden ser considerados obras de arte, pero me parece que los últimos
avances en este medio son tan espectaculares que algunos deberían ser reconocidos unánimemente como arte.
Al igual que un libro lleva al lector a un mundo solo alcanzable por el poder de su imaginación o que una película
entretiene y a la vez origina una reflexión, un videojuego abre la puerta a un mundo virtual en el que se produce
una interacción casi mágica entre la historia y el jugador. 22 _____. Para un jugador como yo
los videojuegos son un arte, aunque la mayoría siga considerándolos una pérdida de tiempo.

(Adaptado de www.bbc.co.uk.)

Fig. 10 Examen DELE, Modelo 0, Nivel B2, Tarea 3

FRAGMENTOS

A. Los diseñadores de juegos recrean, a veces con mucho «arte», épocas, costumbres y elementos de la vida real o de la ficción.

B. Esta posibilidad de interactuar es lo que diferencia a los videojuegos de otras artes.

C. Y es que en escasísimas ocasiones el entretenimiento digital es tratado como un arte, como una expresión cultural propia de nuestro tiempo.

D. Sin embargo, su teoría es que los videojuegos son una forma de arte que debe ser valorada como tal.

E. Por fortuna es en el mundo del cine donde ya se empieza a reconocer la dimensión artística de los videojuegos.

F. En cambio, algunos de ellos cuentan una historia de principio a fin, con un hilo narrativo muy definido.

G. Para ellos, la mayoría de los jugadores de videojuegos lo único que hace es jugar, perder el tiempo jugando.

H. Sin entrar a discutir si son arte o no, lo que nadie puede negar es que los videojuegos contienen elementos de otras artes.

Fig. 11 Examen DELE, Modelo 0, Nivel B2, Tarea 3

Glisser-déposer (dans un tableau)

Cliquez avec la souris sur l'élément à déplacer et maintenez la touche gauche de la souris appuyée. Tout en maintenant la touche appuyée, déplacez la souris pour faire glisser l'élément jusqu'à l'emplacement souhaité dans le tableau.
Relâchez la touche pour déposer l'élément sur l'emplacement souhaité.

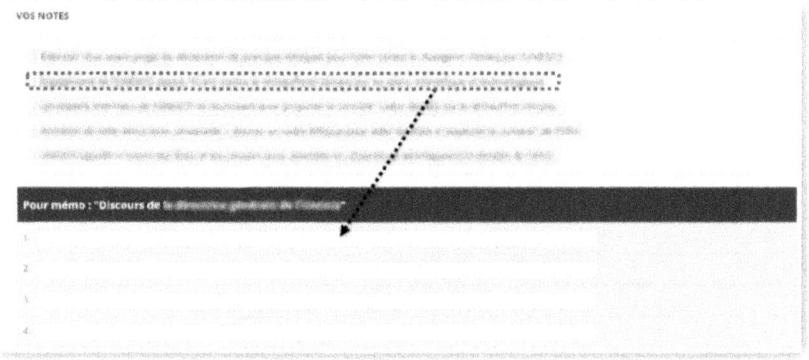

Fig. 12 Examen Diplomes de Français Professionnel. Modelo 0

• Ítems de transferencia de información

Se trata de transferir una información de un texto escrito, aunque también oral, a un mapa, un cuadro, un plano, una tabla, etc. La transferencia debe ser literal, una cifra, una letra o una palabra, pero no más, porque entonces, el candidato estaría interpretando la respuesta y no sería un ítem de respuesta cerrada.

1.5.1.2.2. Ítems de respuesta dirigida

Esto ítems conforman junto a los de respuesta dirigida las pruebas de corrección objetiva, pero estos necesitan de una producción que será corregida con una plantilla o clave de respuestas que se elaboró en la creación de la prueba. Las respuestas para este tipo de ítems deben ser mínimas con el fin de no restar objetividad a la corrección. Desde el punto de vista del enfoque comunicativo se defiende que este tipo de ítems sirva para evaluar no solo la gramática, sino que también debe plantear tareas para interaccionar con el estudiante parecidas a la vida real.

• *Cloze*

Esta prueba se utiliza a menudo porque es de fácil diseño y corrección. El candidato debe insertar en un hueco una palabra que ha sido extraída. Se debe dejar un hueco como mínimo entre cada 5, 6 o 7 palabras se trate de la palabra que se trate, y no en la primera o frase final para poder darle suficiente contexto al ítem. Las palabras eliminadas pueden seleccionarse eligiendo diferentes criterios, por ejemplo, vocabulario o léxico gramatical. También puede tratarse de un *cloze* combinado con respuestas de opción múltiple donde el candidato tiene que elegir una.

Ejemplo

Fig. 13 Cloze. Examen adaptativo Goethe-Test PRO

Otra variante es el *cloze* intrusivo. En este caso, el candidato debe detectar en el texto palabras ajenas a él.

• Prueba tipo C (C-test)

Se trata de un tipo de cloze que consiste en eliminar la segunda mitad de cada segunda palabra en un texto. No se pueden suprimir ni los nombres propios, ni una única letra. Si las palabras tienen un número impar de letras, se suprimen las de la segunda mitad. Se pueden poner líneas con la misma longitud o líneas con el número de letras a completar.

Ejemplo

El *jet lag* e___ más q___ la difíc___ para conc___ el su___ por l___ noche y e___ cansan-
cio dur___ el dí___ tras u___ vuelo q___ cruza var___ franjas hora___. Es u___ desajus-
te hor___ que afe___ a to___ el orga___, desde l___ temperatura corp___ (que e___
condiciones norm___ sigue u___ ciclo d___ 24 horas, c___ un máx___ por la___ tarde
y u___ mínimo d___ madrugada), ha___ la ten___ arterial (q___ aumenta a pri___ hora
d___ la mañ___ y es máx___ por l___ tarde), l___ coordinación y l___ reflejos (ópt___
a primera ho___ de l___ tarde) o e___ tránsito intes___ (como ha___ comprobado
cualq___ que ha___ sufrido u___ buen *jet lag*).

(Fragmento de un texto de Josep Corbella, *La Vanguardia*, 7/8/2011)

Fig. 14 (Figueras y Puig, 2013)

• Completar huecos o espacios en blanco

Se utiliza tanto para la comprensión de lectura como para la comprensión auditiva. Consiste en rellenar un espacio en blanco que el creador de
pruebas ha decidido eliminar dependiendo de lo que quiera evaluar, normalmente gramática, vocabulario o léxico gramatical. No importa tanto
la comprensión del texto. Uno de los aspectos más importantes y que más
problemas plantea, es que se deben recoger todas las respuestas posibles,
de ahí que, a la hora de la creación, se busquen opciones no demasiado
abiertas. También hay que tener en cuenta, si los errores ortográficos se
penalizan o no. Es interesante destacar que, en el caso del examen USAL
esPro, la clave de respuestas recoge las palabras sin acentos también porque
en el caso del *test online*, en algunos teclados no se pueden poner acentos
y sería discriminatorio para los candidatos que sí los pueden poner.

Tabla 1.18 Resumen Comprensión lectora

PRUEBA	RESPUESTA	VENTAJAS	DESVENTAJAS	PARA EXAMEN DE	CALIFICACIÓN
Selección múltiple con 3 o 4 opciones	Cerrada	Permite aislar la destreza.	Tarea no auténtica, aunque permite reproducir procesos auténticos de lectura.	Todos, pero idónea en exámenes sumativos (resultados)	Objetiva y rápida. Puede usar medios mecánicos.
Verdadero o falso	Cerrada	Permite aislar la destreza.	Peso en el azar Tarea no auténtica	Todos, pero si se pide justificación de la respuesta, no sirve para exámenes sumativos.	Objetiva y rápida. Puede usar medios mecánicos
Relacionar	Cerrada	Tarea auténtica. Permite aislar la destreza.	Sólo para situaciones muy limitadas.	Todos, pero suele adoptarse en niveles elementales o intermedios.	Objetiva.
Ordenar	Cerrada	Puede reproducir procesos.	Provoca rechazo.	Todos, pero suele adoptarse en niveles avanzados/ superiores	Objetiva.
Diversas versiones del *Cloze* (texto con huecos)	Cerrada (V/F o selección) o semicontrolada	Puede ser una tarea auténtica. Integra destrezas.	Si la respuesta no es cerrada, se dificulta la corrección	Todos, pero si no se hace de respuesta totalmente cerrada no es recomendable para exámenes sumativos	Objetiva y subjetiva, depende del tipo de *cloze* usado
Leer un texto y hacer un resumen del mismo	Abierta	Informa de los procesos. Integra destrezas. Tarea auténtica.	Puede resultar demasiado larga. Sólo es auténtica en algunos contextos	Aula, formativos (destinados tanto a calificar como a informar)	Subjetiva (requiere definir algún criterio). Lenta: necesita evaluadores.
Leer un texto y tomar apuntes y notas	Semicontro-lada, abierta	Informa de los procesos. Integra destrezas Tarea auténtica	Puede resultar demasiado larga. Sólo es auténtica en medios académicos y en algunas profesiones.	Aula, formativos (destinados tanto a calificar como a informar)	Subjetiva, (requiere definir algún criterio). Lenta: necesita evaluadores
Leer un texto y después hacer una exposición oral o una redacción.	Abierta	Informa de los procesos. Integra destrezas. Tarea auténtica.	Puede resultar demasiado larga. Sólo es auténtica en contextos muy específicos.	Aula, formativos (destinados tanto a calificar como a informar)	Subjetiva, (requiere definir algún criterio). Lenta: necesita evaluadores.

Ejemplo

Fig. 15 Examen adaptativo USAL esPro

1.5.1.2.3. Pruebas de respuesta abierta

Se trata de pruebas adecuadas para hacerlas en clase, en exámenes de aprovechamiento, ya que las respuestas de los estudiantes pueden optar por diferentes respuestas, por lo tanto, no importa demasiado que la calificación sea objetiva. Uno de los usos más frecuentes, especialmente en los niveles más altos, es que el alumno o candidato lea o escuche un texto y a partir de ahí, escriba un resumen, o leer un texto e interpretarlo para hacer una exposición.

Por último, queremos incluir un cuadro resumen que hemos recogido de Bordón (2006) que muestra la clasificación de las diferentes pruebas para llevar a cabo la evaluación de la comprensión lectora.

1.5.2. EJERCICIOS PARA EVALUAR LA COMPRENSIÓN AUDITIVA

Al igual que acabamos de hacer en el punto anterior, queremos describir el tipo de ejercicios para evaluar esta destreza. Algunos ejercicios tienen el mismo formato, por lo tanto, no los vamos a repetir. A diferencia de lo que ocurre en la lengua materna, donde se desarrolla esta destreza en primer lugar, en el caso del aprendizaje de una segunda lengua, suele ser la destreza de comprensión de lectura la primera en desarrollarse y la auditiva la que la complementa. Esto también cambia dependiendo de si el aprendiz está en el país de la lengua que está aprendiendo, donde el *input* será mayor o si solo estudia español en el aula. Además, en muchos casos, la comprensión auditiva aparece ligada a la expresión oral, puesto que el momento que se le pide interactuar al candidato, se combinan las dos. Con todo esto, lo que queremos decir es que, hay que tener en cuenta si vamos a evaluar la comprensión auditiva de forma aislada o integrada.

Bordón diferencia entre audición extensiva, esa que hacemos con gusto, como puede ser una canción, poema, película o teatro y audición intensiva, la que hacemos para extraer datos específicos, por ejemplo, cuando queremos obtener información para clasificarla, almacenarla o jerarquizarla.

Munby (1978) y Rixon (1986) enumeraron una tipología de subdestrezas necesarias para entender los textos orales y que resumimos aquí:

1. Oír todas las destrezas que dice el hablante.
2. Entender el sentido literal de la información que se proporciona.
3. Deducir el significado de palabras y emisiones desconocidas a partir del contexto.
4. Entender lo que está implícito, pero no expresado con palabras.
5. Reconocer la actitud y el tono del hablante.
6. Reconocer el grado de formalidad con el que se expresan los hablantes.

(Bordón, 2006: 144)

Nos parece relevante la aportación de Buck (2001) cuando dice que, para comprender textos orales, tenemos que tener en cuenta que también están involucrados los componentes no lingüísticos (familiaridad con el tema, relación con el contexto o conocimiento general del mundo) además de los ya consabidos lingüísticos (fonología, morfosintaxis y semántica). Además, hay que unir a todo esto también factores que tienen lugar en un examen, como son el nerviosismo, la ansiedad o el miedo, todos ellos fuera de la vida real.

• Ítems verdadero o falso/dicotómicos.

Simplemente mostraremos un ejemplo, porque las características son las mismas que para la comprensión de lectura.

EXPRESIÓN E INTERACCIÓN ORALES. NIVEL INTERMEDIO
Español para extranjeros

Tema 1. ALIMENTACIÓN Y SALUD

Candidato A

Candidato B

Según un estudio realizado en los Estados Unidos, el consumo habitual de comida basura aumenta el riesgo de sufrir obesidad. Los expertos han analizado durante 15 años los hábitos alimenticios de tres mil personas y su repercusión en sus condiciones físicas. Así, las personas que van dos días a la semana a restaurantes de comida rápida han engordado 4,5 kilos más que las personas que lo hacen solo un día.

(Extraído y adaptado de: http://www.loquesomos.org)

Hay personas que no comen de forma sana y engordan muchísimo. Algunas de estas personas tienen una enfermedad, la obesidad, que puede llegar a ser grave, y que no pueden curar haciendo dieta para perder peso. En estos casos, actualmente, el problema puede solucionarse con una operación que consiste en hacer más pequeño el estómago. Esta operación es agresiva, pero garantiza perder peso y no volver a ganarlo.

(Extraído y adaptado de http://www.susmedicos.com/obesidad.html)

1. **Observe** su fotografía y **pregunte a su compañero** sobre detalles de la suya. Hablen sobre las **diferencias y parecidos** entre las dos.

2. **Explique** lo que dice su **texto** y escuche las explicaciones de su compañero. A continuación **intercambien** sus **opiniones** sobre el tema y el contenido de los textos.

3. **Para saber más…**

Por turnos, haga **tres preguntas** a su compañero, sobre los puntos siguientes, y **responda** a las tres preguntas que él le hará. Empiece por el primer enunciado.

   – La última celebración de una comida familiar o con amigos.
   – Un recuerdo de la infancia relacionado con la comida.
   – Cambios en sus hábitos de comidas desde que vive en España.
   – Preparación de algún plato típico de su país.
   – Consejos sobre qué comer en su país.
   – Gustos y preferencias: comer en casa o en el restaurante.

Para terminar, el **examinador** puede hacerle alguna **pregunta** relacionada con el tema.

   1. ¿Qué diferencias hay entre la dieta de su país y la nuestra?
   2. ¿Le gusta cocinar, ir al mercado…? ¿Por qué?
   3. ¿Qué prefiere: dulce o salado? ¿Por qué?
   4. Cuéntenos algo que le haya pasado en un bar o un restaurante.
   5. ¿En tu país hay tantos bares como en España? ¿A qué crees que se debe esta diferencia?

Fig. 16 Diploma Superior de español como Lengua Extranjera

- Ítems de selección múltiple

El formato de ítems de selección múltiple se utiliza muy a menudo porque en él se pueden incluir textos orales de muchos tipos: conferencias, anuncios, entrevistas, conversaciones y adaptarse o no a todos los niveles.

Lo que confiere la dificultad del texto oral es, por ejemplo, las variedades de la lengua que aparezcan en él. En el examen de español USAL esPro, en las especificaciones, se indica que deben incluirse en las locuciones de los textos auditivos el 50 % de español de España y el otro 50 % de variedades del español de América. También influye el número de voces, el ruido de fondo o la velocidad a la que hablan los interlocutores.

- Texto con huecos o cloze test

Se trata siempre de una prueba cerrada. El candidato tiene que reconocer la palabra que falta. Es una prueba orientada más a conocimientos formales que a evaluar la comprensión auditiva.

- Dictado

Se trata de un formato poco comunicativo. En la vida real, cuando dictamos algo o nos dictan, suele haber una cierta interacción también, por ejemplo, si alguien nos está dictando una receta de cocina.

Se trata de un formato más adecuado para evaluar dentro del aula, a no ser que se persiga evaluar la ortografía o la fonética y grafías.

Oller (1979) es un gran defensor de esta prueba porque es integradora, ya que el candidato tiene que escuchar y también aplicar la pragmática porque hay que procesar los elementos del discurso. Oller diferencia las siguientes modalidades:

a) Dictado estándar: el examinador lee algo, también puede ser una grabación y los candidatos tienen que escribir lo que oyen. Se debe realizar una pausa cada siete palabras y hay que repetir lo dicho dos o tres veces.
b) Dictado parcial: el candidato solo tiene que escribir palabras o ciertas frases, en un texto que se la dado.
c) Dictado con ruido: con la intención de que tenga un tono más real.
d) Dictado-composición: el estudiante debe hacer una redacción después de escuchar uno o varios párrafos
e) Dictado-resumen: el candidato tiene que exponer la idea central de lo que ha escuchado.

Incluimos a continuación, al igual que hicimos anteriormente para la comprensión lectora, una clasificación de las diferentes pruebas para llevar a cabo la evaluación de la comprensión auditiva (Bordón, 2002).

1.5.3. EJERCICIOS PARA EVALUAR LA EXPRESIÓN E INTERACCIÓN ESCRITAS Y ORALES

Antes de adentrarnos en los diferentes tipos de ejercicios para evaluar la destreza escrita y oral, queremos hacer una introducción sobre la evolución que ha supuesto este tema en el mundo de L2. Como nos hemos referido en varias ocasiones, hasta la implantación del enfoque comunicativo en la enseñanza de las lenguas, es decir, los años 80, lo importante era la gramática y el uso que se hacía de ella. Es en los años 80, cuando la lengua se denomina vehículo de comunicación, cuando la expresión oral y escrita como reflejos de situaciones de la vida real pasa a estar en primera línea del frente. Así, las destrezas productivas ocupan un nuevo y central papel en el mundo de la evaluación. Es desde la publicación del MCER en 2001 especialmente, cuando el interés por la expresión e interacción escritas y orales se impulsó de manera significativa, que se continuó introduciendo escalas para la mediación tras la aparición del *Companion Volume* en 2020.

Se entiende por expresión e interacción escrita u oral, el conjunto de actuaciones que se caracterizan por un uso eficaz y adecuado de la lengua en las situaciones comunicativas en las que se producen (Figueras y Puig, 2013:107). La expresión es una habilidad lingüística productiva.

La segunda consideración que debemos tener en cuenta es la relación entre la expresión oral y escrita. Para Weigle (2002:15) conviene aclarar si escribir es un caso especial de uso de L2 y si es una habilidad distinta de hablar ya que se utilizan los mismos recursos lingüísticos, pero con procesos mentales diferentes. La postura tradicional de los lingüistas mantiene que la lengua oral es lo primero y la lengua escrita es un reflejo de la lengua hablada, pero para los investigadores en educación, la lengua escrita es más correcta y hay que darle más valor a la oral.

Tabla 1.19 Resumen Comprensión auditiva

PRUEBA	RESPUESTA	VENTAJAS	DESVENTAJAS	PARA EXAMEN	CORRECCIÓN
Selección múltiple con 3 o 4 opciones	Cerrada	Permite aislar la destreza.	Tarea no auténtica.	Todos, pero idónea en exámenes sumativos (resultados)	Objetiva y rápida. Puede usar medios mecánicos.
Verdadero o falso	Cerrada	Permite aislar la destreza.	Peso en el azar. Tarea no auténtica.	Todos, pero si se pide justificación de la respuesta, no sirve para exámenes sumativos.	Objetiva y rápida. Puede usar medios mecánicos.
Relacionar	Cerrada	Tarea auténtica. Permite aislar la destreza.	Sólo para situaciones muy limitadas.	Todos, pero suele adoptarse en niveles elementales o intermedios.	Objetiva.
Identificar	Cerrada	Tarea auténtica. Permite aislar la destreza.	Solo para situaciones muy limitadas.	Todos, pero suele adoptarse en niveles elementales o intermedios.	Objetiva.
Ordenar	Cerrada	Puede reproducir procesos.	Provoca rechazo. Poco útil para esta destreza.	Para niveles avanzados/ superiores. Poco recomendable en general.	Objetiva.
Cloze (texto con huecos) en la versión de que sólo cabe una respuesta posible.	Cerrada	Puede ser una tarea auténtica. Integra destrezas.	Peligro de convertirse en un mero reconocimiento de palabras sin necesidad de depender del contexto.	Todos.	Objetiva.

PRUEBA	RESPUESTA	VENTAJAS	DESVENTAJAS	PARA EXAMEN	CORRECCIÓN
Dictado	Semicontrolada. Depende del formato que se adopte.	Informa de los procesos. Integra destrezas. Puede ser una tarea auténtica.	Sólo es una tarea auténtica en situaciones muy limitadas y con ciertas variantes de formato.	Aula, aprovechamiento (destinados tanto a calificar como a informar)	Subjetiva (requiere definir algún criterio). Lenta: necesita evaluadores.
Escuchar una exposición oral (en vivo o reproducida por una máquina) y tomar apuntes y notas.	Semicontrolada, abierta	Informa de los procesos. Integra destrezas. Tarea auténtica.	Puede resultar demasiado larga.	Aula, aprovechamiento (destinados tanto a calificar como a informar	Subjetiva, (requiere definir algún criterio). Lenta: necesita evaluadores.
Escuchar una exposición oral y hacer un resumen escrito.	Abierta.	Informa de los procesos. Integra destrezas. Tarea auténtica.	Puede resultar demasiado larga. Auténtica en contextos académicos y en algunos profesionales.	Aula, aprovechamiento (destinados tanto a calificar como a informar).	Subjetiva, (requiere definir algún criterio). Lenta: necesita evaluadores.
Entender un texto oral para elaborar una exposición oral o una redacción.	Abierta	Informa de los procesos. Integra destrezas. Tarea auténtica.	Puede resultar demasiado larga. Sólo es auténtica en contextos muy específicos.	Aula, aprovechamiento (destinados tanto a calificar como a informar).	Subjetiva, (requiere definir algún criterio). Lenta: necesita evaluadores.

En tercer lugar, hay una corriente que defiende que ninguna es superior a la otra, sino que son diferentes, no tienen los mismos rasgos textuales. Normas o patrones de uso ni tampoco los mismos procesos cognitivos están involucrados. Bordón (2006:165) representa en el siguiente cuadro las relaciones entre las dos destrezas.

Tabla 1.20 (Adaptado de Brown, 1994)

RASGO	EXPRESIÓN ORAL	EXPRESIÓN ESCRITA
Permanencia	La lengua es transitoria y se debe procesar en tiempo real.	La lengua es permanente y se puede acceder a ella una y otra vez.
Tiempo	Cuando se produce en conversaciones se dispone de pocos segundos para planificar y formular las emisiones.	Generalmente se puede emplear el tiempo que se desee para planificar, producir y revisar el texto.
Distancia	En las conversaciones cara a cara, los hablantes están cerca y comparten el tiempo y el espacio.	No hay relación directa de tiempo y espacio entre el lector y el escritor, lo cual elimina el contexto compartido e implica la necesidad de ser más explícito.
Recursos perceptibles por los sentidos	Extensa variedad de recursos fonológicos: acento, entonación, volumen, tono, pausas que ayudan a reforzar y clarificar el mensaje.	Los recursos gráficos, como la puntuación, el uso de mayúsculas, los signos de admiración e interrogación son más limitados que los fonológicos y no resultan tan eficaces como ellos.
Complejidad	Suelen abundar las oraciones cortas, simples e incompletas; se usa más coordinación que subordinación. Presencia de redundancias.	Oraciones largas, completas. Presencia de subordinación.
Formalidad	Generalmente es informal.	El texto escrito generalmente es más formal que el oral.
Vocabulario	Poco variado.	Más variado y cuidado.

Queremos señalar que, la conversación implica interacción, mientras que un texto escrito la interacción no es patente, pero en la actualidad, la expresión escrita sí que exige de interacción en casos como el chat, donde tendría unas características discursivas muy próximas a la conversación.

Cassany (2002:19) señala que en muchos caos la lengua oral y la lengua escrita forman discursos que comparten, por ejemplo, las entrevistas en los periódicos, el teatro o las conferencias donde se toman apuntes, con lo cual, debemos extraer como conclusión que, para las destrezas escritas y orales, para su enseñanza y evaluación, debemos tener en cuenta la naturaleza de cada una, pero también su interdependencia.

En la expresión escrita no pretendemos medir la capacidad del candidato para expresar su habilidad literaria, al igual que para la expresión escrita no nos proponemos medir su capacidad de persuasión u oratoria del discurso. Lo que nos proponemos es poder medir su habilidad para poder llevar a cabo las tareas que se le presentan en el examen.

La expresión es una habilidad lingüística productiva, fruto de procesos mentales superiores que implican operaciones intelectuales complejas, como la selección y discriminación de la información que se quiere dar, y la organización y estructuración coherente, ordenada y cohesionada de la misma, para producir una actuación comprensible en un contexto concreto, a partir de los recursos lingüísticos que cada uno posee.

En el proceso de expresión se conjugan los conocimientos que sobre la lengua tiene el individuo, la competencia lingüística, con un conjunto de estrategias comunicativas, lingüísticas y no lingüísticas, que el usuario de la lengua pone en funcionamiento con el fin de llevar a cabo una actuación adecuada al contexto comunicativo en el que se produce.

La interacción añade a todo esto una serie de reglas de cooperación implícitas (Grice, 1975) que regulan la manera en que los interlocutores alternan el habla y la escucha de forma espontánea, para construir una conversación a partir de la negociación conjunta de significados.

Para poder evaluar la expresión e interacción de las dos destrezas podeos fijarnos en el esquema de Mcnamara (1996) para apreciar que lo importante es:

a) la tarea que el candidato debe realizar y que provoca su actuación
b) los criterios de evaluación que son los que permiten a los examinadores dar una puntuación.

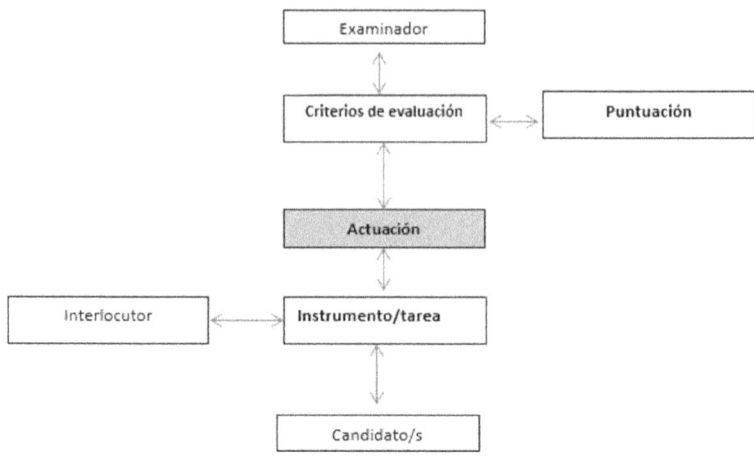

Fig. 17 Esquema de Evaluación de EIE y EIO

Hughes (1989) señala que a la hora de evaluar la expresión e interacción escritas u orales nos encontramos con tres problemas que resolver:

¿Qué tareas podemos proponer que supongan una muestra representativa para poder crear tareas que los candidatos puedan producir?

¿Cómo debemos crear/redactar las tareas para que estas provoquen en el candidato actuaciones que permitan mostrar todo lo que el candidato puede hacer?

¿Cómo aseguramos la validez y fiabilidad a la hora de puntuar las actuaciones?

Dicho esto, debemos definir por un lado los niveles de dominio lingüístico usando el MCER y el currículo que se use y, por otro lado, elegir los tipos de tareas que pueden medir las actuaciones. Las tareas deben crearse teniendo en cuenta lo siguiente:

a) Tipo de discurso. Puede ser un monólogo, pero también un diálogo.
b) Destinatarios o interlocutor. Puede ser conocido o no.
c) Ámbito temático. Si se trata de una situación específica dentro de la esfera personal, pública, profesional o educativa.
d) Tipo de tarea:
   Expresión escrita: correo electrónico, carta, informe, etc.

Expresión oral: descripción de imágenes, debates, juegos de roles, etc.
e) Tipología textual: descripción, narración, argumentación.
f) Funciones lingüísticas: agradecer, invitar, expresar una queja, informar, etc.

Debemos seguir diferenciando entre la evaluación en el aula y la evaluación con como certificación. Para un profesor, recoger muestras escritas u orales no plantea cuestiones como crear las especificaciones, experimentar las tareas o, lo complicado de evaluar estas tareas con la *puntuación subjetiva* al usarse criterios de evaluación descriptores de cada nivel.

1.5.3.1. *Ejercicios para evaluar la expresión e interacción escritas*

Los estudiantes de lenguas adicionales cuando empiezan a escribir lo hacen de manera controlada, es decir, siguen una instrucción con tareas de respuesta muy breve. A medida que vaya aprendiendo la lengua, la producción de sus textos irá ganando en longitud, pero no sólo en eso, sino también en nivel gramática y léxico, cohesión y coherencia. Los alumnos de niveles avanzados deberán poder producir diferentes tipos de textos.

En muchos casos, el aprendiz recibe modelos de textos que le ayudan en su producción escrita, pero en este caso, entra en juego también la comprensión de lectura porque tiene que entender el texto que se le entrega.

Como señala Bordón (2006:184) varios estudios revelan que cuando escribimos en L2 utilizamos muchos de los mismos procesos que en la L1, así, si tenemos habilidad lingüística, la transferimos a la L2. Lo que ocurre es que, si un candidato tiene un dominio limitado de la L2, está limitado porque para su producción escrita tiene que buscar el léxico o la gramática que necesita y el resultado final no sería el mismo que en la producción del candidato en su L1. El estudiante de L2 debe controlar la competencia gramatical y las funciones comunicativas que le piden para la realización de la tarea.

Para la evaluación de la destreza escrita y teniendo en cuenta el MCER, debemos hacer la siguiente división:

Tabla 1.21 Expresión e interacción escritas

Expresión escrita	Interacción escrita
Expresión escrita en general	Interacción escrita en general
Escritura creativa	Escribir cartas
Informes y redacciones	Notas, mensajes, formularios.

De hecho, el Marco (2002: 64) presenta las siguientes actividades de escritura como una guía de actuación que pueden incorporarse a nuestras clases para conseguir una práctica más efectiva de la escritura, introduciendo en el aula ejemplos de escritura que se encuentran en el mundo real y que nuestros estudiantes podrían necesitar en su futuro personal o laboral, como los que siguen:

- Completar formularios y cuestionarios
- Escribir artículos para revistas, periódicos, boletines informativos, etc.
- Producir carteles para exponer
- Escribir informes y memorandos, etc.
- Tomar notas para usarlas como referencias futuras
- Tomar mensajes al dictado, etc.
- Escritura creativa e imaginativa
- Escribir cartas personales o de negocios, etc.

El Marco presenta este cuadro para las escalas para la expresión escrita

Tabla 1.22 MCER. Capítulo 3, Autoevaluación

ESCRIBIR	A1	A2
Expresión escrita	• Soy capaz de escribir postales cortas y sencillas, por ejemplo, para enviar felicitaciones. • Sé rellenar formularios con datos personales, por ejemplo, mi nombre, mi nacionalidad y mi dirección en el formulario del registro de un hotel.	• Soy capaz de escribir notas y mensajes breves y sencillos relativos a mis necesidades inmediatas. • Puedo escribir cartas personales muy sencillas, por ejemplo agradeciendo algo a alguien.
	B1	B2
Expresión escrita	• Soy capaz de escribir textos sencillos y bien enlazados sobre temas que me son conocidos o de interés personal. • Puedo escribir cartas personales que describen experiencias e impresiones.	• Soy capaz de escribir textos claros y detallados sobre una amplia serie de temas relacionados con mis intereses. • Puedo escribir redacciones o informes transmitiendo información o proponiendo motivos que apoyen o refuten un punto de vista concreto. • Sé escribir cartas que destacan la importancia que le doy a determinados hechos y experiencias.
	C1	C2
Expresión escrita	• Soy capaz de expresarme en textos claros y bien estructurados exponiendo puntos de vista con cierta extensión. • Puedo escribir sobre temas complejos en cartas, redacciones o informes resaltando lo que considero que son aspectos importantes. • Selecciono el estilo apropiado para los lectores a los que van dirigidos mis escritos.	Soy capaz de escribir textos claros y fluidos en un estilo apropiado. Puedo escribir cartas, informes o artículos complejos que presentan argumentos con una estructura lógica y eficaz que ayuda al oyente a fijarse en las ideas importantes y a recordarlas. Escribo resúmenes y reseñas de obras profesionales o literarias.

Como bien recoge Fuensanta (Marcoele, 7, 2008), estas escalas nos sirven además de para poder crear las tareas, también para asegurar la validez y fiabilidad de las mismas, así como para poder comparar las diferentes actuaciones en cada nivel. De este modo, el Marco describe tres formas para utilizarlo:

Tabla 1.23 MCER (2002), capítulo 9, 9.1

Para especificar el contenido de las pruebas y de los exámenes	Lo que se evalúa
Para establecer los criterios con los que se determina la consecución de un objetivo de aprendizaje	Cómo se interpreta la actuación
Para describir los niveles de dominio lingüístico en pruebas y exámenes, permitiendo así realizar comparaciones entre distintos sistemas de certificados	Cómo se pueden realizar comparaciones

Debemos plantearnos a la hora de crear tareas de expresión escrita para la evaluación de la destreza, si lo que buscamos es evaluar o enseñar a escribir, o si evaluamos el proceso o el resultado. Como el área que nos ocupa es el de la certificación, vamos a centrarnos en la evaluación y, por tanto, en el resultado.

A la hora de responder a las tareas, el candidato o aprendiz utiliza una serie de estrategias para obtener el mejor resultado posible. Por ejemplo, para la planificación del texto, tiene que tener en cuenta el destinatario, es decir a quien se dirige y si comparte o no con él información. Debe reconocer también el tipo de texto que debe escribir, pues la adecuación de la tarea es uno de los puntos importantes a la hora de evaluar esta destreza. Por ejemplo, si un candidato debe escribir un informe y redacta una carta, será penalizado en adecuación. Tiene que respetar si el texto debe hacerlo individualmente o en equipo. Por supuesto tiene que tener en cuenta las ideas que quiere transmitir, es decir el contenido de la producción. Por último, tiene que tener en cuenta las armas lingüísticas con las que cuenta para escribir. Para terminar, debe organizar el discurso de forma coherente y cohesionada.

Hughes (1989) afirma que lo que se debe valorar en la evaluación de la expresión es el tipo de texto que queremos que el candidato produzca con la tarea a la que le exponemos. Estas tareas serán dirigidas en algunos casos o de escritura creativa en otros. Como ejemplos de tareas de expresión e interacción escritas, podemos incluir las que aparecen en los DELE, describiendo el tipo de producción que se les pide a los candidatos.

El Marco (2002: 4.4.1.1) presenta las siguientes actividades de expresión oral como una guía de actuación de un candidato que es escuchado por uno o más oyentes:

- Expresión oral en general.
- Monólogo sostenido: descripción de experiencias.
- Monólogo sostenido: argumentación.
- Declaraciones públicas.
- Hablar en público

a) Contestar a un escrito que ha recibido o a un anuncio que ha leído.

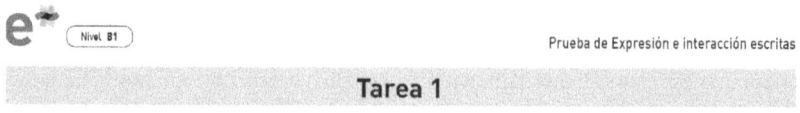

Tarea 1

INSTRUCCIONES

A través de la página web *intercambiodecasa.com* usted ha contactado con una persona en España para intercambiarse la casa el próximo verano.

Lea el correo electrónico que le ha mandado la persona con la que va a intercambiar su casa:

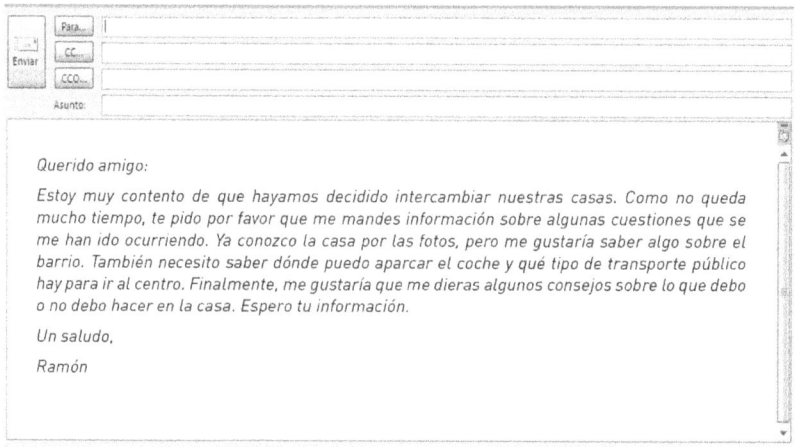

> *Querido amigo:*
>
> *Estoy muy contento de que hayamos decidido intercambiar nuestras casas. Como no queda mucho tiempo, te pido por favor que me mandes información sobre algunas cuestiones que se me han ido ocurriendo. Ya conozco la casa por las fotos, pero me gustaría saber algo sobre el barrio. También necesito saber dónde puedo aparcar el coche y qué tipo de transporte público hay para ir al centro. Finalmente, me gustaría que me dieras algunos consejos sobre lo que debo o no debo hacer en la casa. Espero tu información.*
>
> *Un saludo,*
>
> *Ramón*

Escríbale un correo electrónico a Ramón para responder a sus preguntas. En él deberá:
— saludarlo;
— responderle a todas las preguntas concretas que le hace;
— darle algunos consejos sobre lo que Ramón debe o no debe hacer en su casa;
— despedirse.

Número de palabras: entre 100 y 120.

Fig. 18 Examen DELE, Modelo 0, Nivel B1

b) Seguir las pautas que le proponen para un contexto determinado

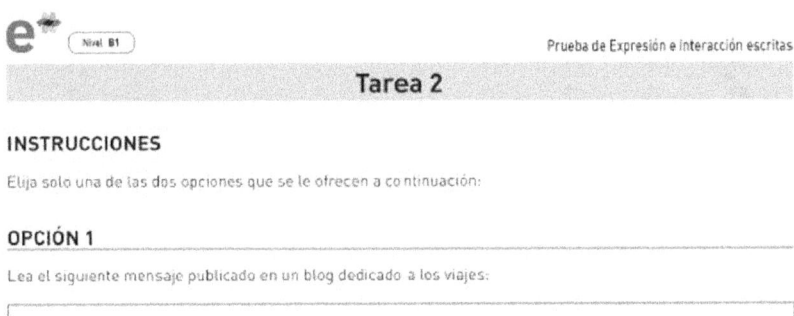

INSTRUCCIONES

Elija solo una de las dos opciones que se le ofrecen a continuación:

OPCIÓN 1

Lea el siguiente mensaje publicado en un blog dedicado a los viajes:

> En nuestro blog vamos a abrir una sección especial sobre viajes de invierno. Cuéntenos un viaje que usted haya hecho en esa estación del año y sus impresiones sobre él.

Escriba un comentario para enviar al blog en el que cuente:

— el lugar al que fue;
— por qué eligió ese destino y con quién fue;
— cuándo fue y cuanto duró el viaje;
— qué fue lo que más le gustó y por qué;
— alguna anécdota que recuerde del viaje.

Fig. 19 Examen DELE, Modelo 0, Nivel B1)

c) Completar un formulario

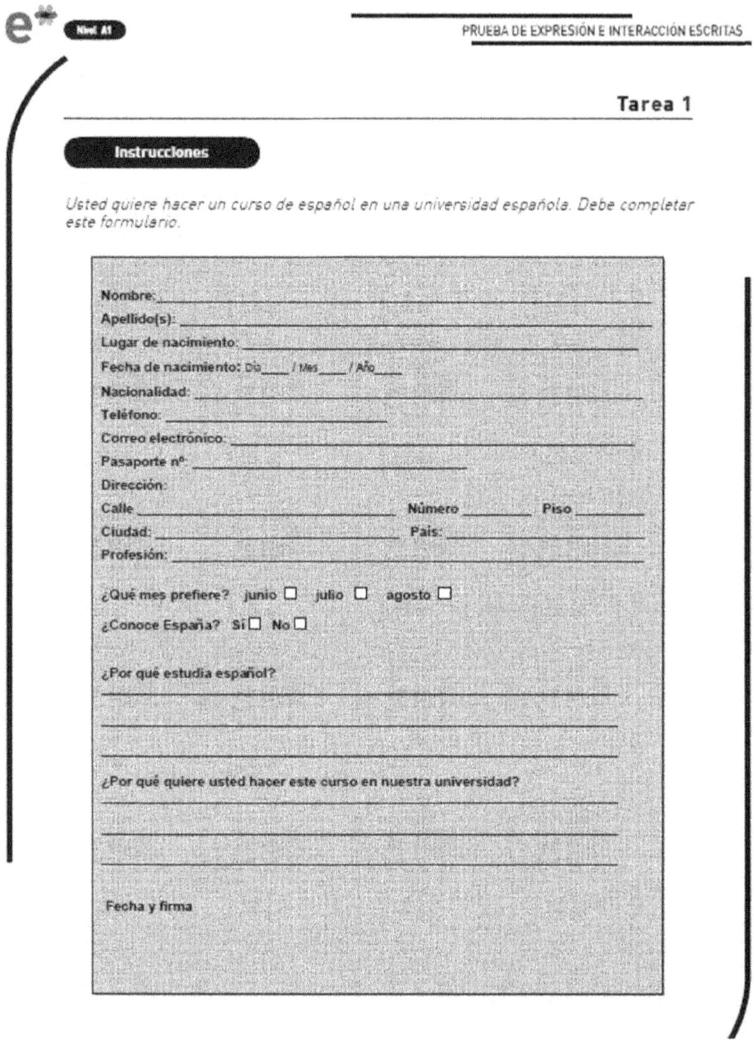

Nivel A1

PRUEBA DE EXPRESIÓN E INTERACCIÓN ESCRITAS

Tarea 1

Instrucciones

Usted quiere hacer un curso de español en una universidad española. Debe completar este formulario.

Nombre: ____________________

Apellido(s): ____________________

Lugar de nacimiento: ____________________

Fecha de nacimiento: Día___ / Mes___ / Año___

Nacionalidad: ____________________

Teléfono: ____________________

Correo electrónico: ____________________

Pasaporte nº: ____________________

Dirección:

Calle ____________________ Número ________ Piso ________

Ciudad: ____________________ País: ____________________

Profesión: ____________________

¿Qué mes prefiere? junio ☐ julio ☐ agosto ☐

¿Conoce España? Sí ☐ No ☐

¿Por qué estudia español?

____

____

____

¿Por qué quiere usted hacer este curso en nuestra universidad?

____

____

____

Fecha y firma

Fig. 20 (Examen DELE, Modelo 0, Nivel A1)

d) Escribir informes sobre un contexto dado con gráficos

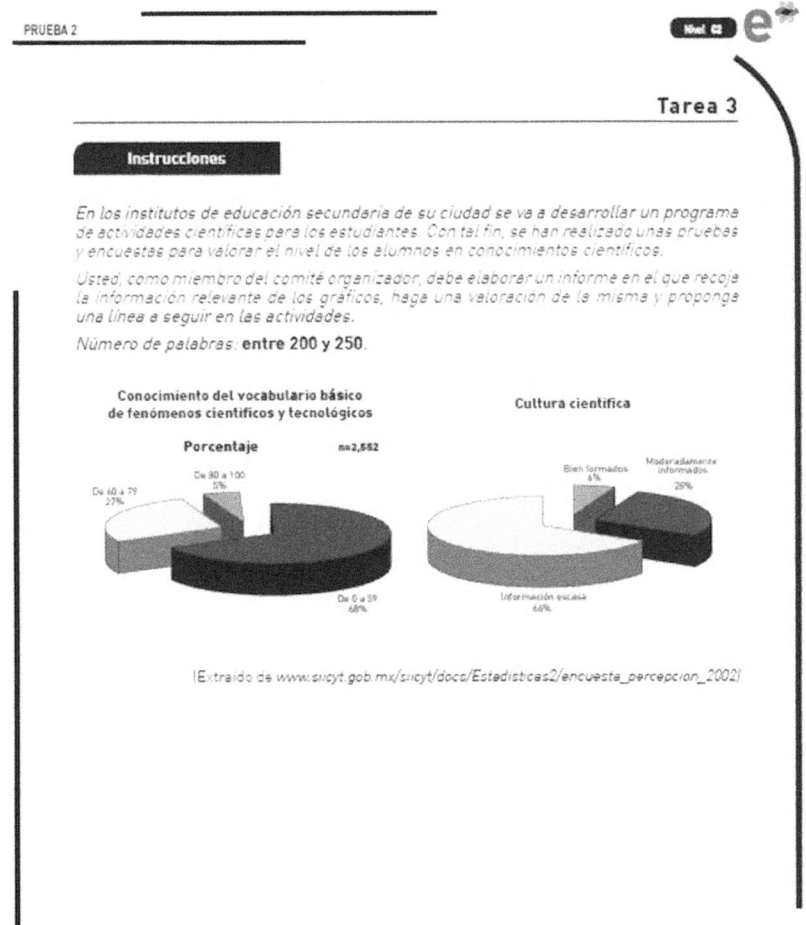

Fig. 21 Examen DELE, Modelo 0, nivel C2

e) Escribir informes o artículos con un contexto dado con un audio

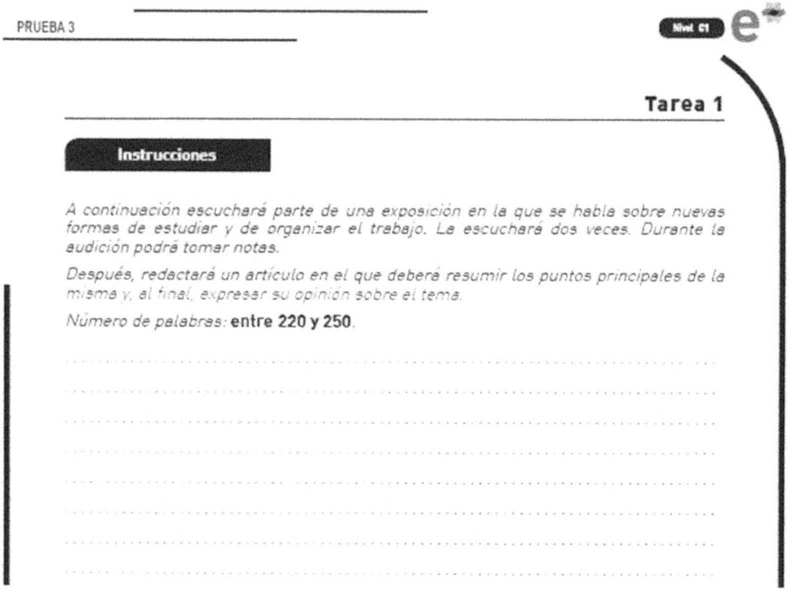

PRUEBA 3

Nivel C1

Tarea 1

Instrucciones

A continuación escuchará parte de una exposición en la que se habla sobre nuevas formas de estudiar y de organizar el trabajo. La escuchará dos veces. Durante la audición podrá tomar notas.

Después, redactará un artículo en el que deberá resumir los puntos principales de la misma y, al final, expresar su opinión sobre el tema.

Número de palabras: **entre 220 y 250**.

Fig. 22 Examen DELE, Modelo 0, nivel C1

1.5.3.2. Ejercicios para evaluar la expresión e interacción orales

Si para la Expresión escrita decíamos que en muchos casos el aprendiz o candidato a un examen debía leer textos que le ayudaran a llevar a cabo las tareas, es decir, ligábamos la compresión lectora a la escritura, en el caso de la Expresión oral, esta se verá ligada a la compresión auditiva, es decir, recibimos el input por el oído. Hablamos después de escuchar. En el caso de la L2, la lengua hablada, presenta algunos aspectos que deben considerarse también para su evaluación.

1. La lengua es un sistema dividido en los niveles fonológicos, morfológicos y sintácticos.
2. Es un medio de comunicación, por tanto, la pragmática entra en juego en combinación con las reglas de uso.
3. Necesita un contexto, es decir personas y lugar.

Una vez hechas estas consideraciones, debemos enumerar y detallar los rasgos de los contextos para la comunicación oral propuestos por Hymes (1972 y 1974). Están contenidos en la palabra *SPEAKING*:

S: *setting*. Indica la situación, se refiere al tiempo y lugar en que ocurre un acto de habla: las circunstancias físicas de la propia situación. También aquí se incluiría *scene*, es decir el escenario, que se refiere a la situación "psicológica" e implica siempre un análisis de definiciones culturales.

P: *participant*. Hymes cree que algunas reglas de habla necesitan tres participantes, es decir, emisor, receptor y audiencia, otras veces dos, emisor y audiencia y otras veces tan solo uno.

E: *ends*. Incluye las metas que se quieren alcanzar y también el resultado de eso que se persigue.

A: *act-sequence*. Se refiere a la forma del mensaje y al contenido.

K: key. Se refiere al tono y a la forma en que se lleva a cabo el acto de habla.

I: *Instrumentality*: Se refiere al canal, escrito u oral que se utiliza para transmitir habla. Recoge también aquí formas de habla (variedades dialectales y estilos).

N: *norms*: incluye las normas de interacción y las normas de interpretación.

G: *genres*: Géneros. Esto supone reconocer características formales tradicionalmente reconocidas, es decir reconocer categorías como poema, conferencia, oración, etc.

La expresión oral en la L2 es uno de los aspectos más importantes para un aprendiz de lenguas. Poder hablar bien en la lengua meta es uno de los principales objetivos cuando alguien aprende una lengua, por eso, en el caso del enfoque comunicativo se le da capital importancia al desarrollo de esta destreza. Para el dominio de la parte oral de la lengua tendremos que tener en cuenta factores como la fluidez, la adecuación, la pronunciación o la entonación.

Para llevar a cabo la práctica de la expresión oral en el aula, podremos utilizar tareas diferentes a las que usaremos en la evaluación del aprendiz con un fin certificativo. La meta final es que el estudiante se exprese e interactúe de forma adecuada en el contexto al que se enfrente y responda a sus necesidades comunicativas. En el aula, el profesor deberá seguir una serie de pasos como proporcionar modelos y hacer ejercicios orientados para practicar las funciones involucradas en la clase. Entre las actividades preparatorias sin interacción, es decir aquellas en las que el hablante no depende de lo que le puedan decir, estarían las descripciones de ilustraciones. No suponen ansiedad para el candidato puesto que no tiene que dar una respuesta nada más terminar el hablante. Estas actividades se destinarían a candidatos de nivel no muy alto. También formarían parte de este grupo las narraciones con apoyo gráfico y las respuestas controladas porque provienen de un manual.

Bordón (2006) recoge diferentes formatos para llevar a cabo la interacción y que describimos a continuación:

1. Vacíos de información (*information gaps*): se trata de que los alumnos intercambien la información diferente que tiene cada uno y el objetivo es que se entiendan. Normalmente se trabaja con fichas A y B, con diferente información gráfica, por ejemplo, para las direcciones, descripciones de espacios, etc.
2. Simulaciones: los estudiantes tienen una situación imaginaria y conducir una tarea inventada.
3. Representación de papeles (*role playing*): cada estudiante recibe una "personalidad" y debe interactuar con su compañero de acuerdo con el papel que ha recibido. Por ejemplo, el alumno A recibe esta instrucción: "Usted es un hombre/mujer mayor que tiene un vecino que pone la radio muy alta y le molesta. Quéjese." El alumno B sería un/ joven estudiante de universidad.

Para el diseño de las tareas para la evaluación de la expresión oral, el tema se complica porque diseñar tareas que evalúen de la misma manera el dominio de la gramática, vocabulario y pronunciación y rasgos como la fluidez, la adecuación o el tono no es fácil. Además, el candidato, a diferencia en la evaluación de otras destrezas, no contesta en un formato en papel o en el ordenador marcando o tecleando las respuestas, sino que lo hace hablando. Pero la gran diferencia es que la comprensión auditiva se hace absolutamente necesaria para llevar a cabo la tarea con interacción y cooperación. El candidato no solo debe leer, sino que tiene que entender a su examinador-interlocutor y, además, tampoco va a poder administrar su tiempo de respuesta de la misma manera que si responde a una prueba escrita. Por último, debemos añadir el factor nerviosismo y ansiedad que sufren muchos candidatos o la relación de empatía-simpatía entre interlocutor y candidato. En conclusión, podemos afirmar que los factores externos (ambientales, emocionales y personales), tienen mucho peso.

El Marco presenta este cuadro para las escalas para la expresión oral:

Tabla 1.24 MCER (2002), capítulo 3, 2

HABLAR	A1	A2
Interacción oral	• Puedo participar en una conversación de forma sencilla siempre que la otra persona esté dispuesta a repetir lo que ha dicho o a decirlo con otras palabras y a una velocidad más lenta y me ayude a formular lo que intento decir. • Planteo y contesto preguntas sencillas sobre temas de necesidad inmediata o asuntos muy habituales.	• Puedo comunicarme en tareas sencillas y habituales que requieren un intercambio simple y directo de información sobre actividades y asuntos cotidianos. • Soy capaz de realizar intercambios sociales muy breves, aunque, por lo general, no puedo comprender lo suficiente como para mantener la conversación por mí mismo.
Expresión oral	Utilizo expresiones y frases sencillas para describir el lugar donde vivo y las personas que conozco.	Utilizo una serie de expresiones y frases para describir con términos sencillos a mi familia y otras personas, mis condiciones de vida, mi origen educativo y mi trabajo actual o el último que tuve.
	B1	B2
Interacción oral	• Sé desenvolverme en casi todas las situaciones que se me presentan cuando viajo donde se habla esa lengua. • Puedo participar espontáneamente en una conversación que trate temas cotidianos de interés personal o que sean pertinentes para la vida diaria (por ejemplo, familia, aficiones, trabajo, viajes y acontecimientos actuales).	• Puedo participar en una conversación con cierta fluidez y espontaneidad, lo que posibilita la comunicación normal con hablantes nativos. • Puedo tomar parte activa en debates desarrollados en situaciones cotidianas explicando y defendiendo mis puntos de vista.

(continúa)

Tabla 1.24   Continúa

HABLAR	A1	A2
Expresión oral	• Sé enlazar frases de forma sencilla con el fin de describir experiencias y hechos, mis sueños, esperanzas y ambiciones. • Puedo explicar y justificar brevemente mis opiniones y proyectos. • Sé narrar una historia o relato, la trama de un libro o película y puedo describir mis reacciones.	• Presento descripciones claras y detalladas de una amplia serie de temas relacionados con mi especialidad. • Sé explicar un punto de vista sobre un tema exponiendo las ventajas y los inconvenientes de varias opciones.
	C1	C2
Interacción oral	• Me expreso con fluidez y espontaneidad sin tener que buscar de forma muy evidente las expresiones adecuadas. • Utilizo el lenguaje con flexibilidad y eficacia para fines sociales y profesionales. • Formulo ideas y opiniones con precisión y relaciono mis intervenciones hábilmente con las de otros hablantes.	• Tomo parte sin esfuerzo en cualquier conversación o debate y conozco bien modismos, frases hechas y expresiones coloquiales. • Me expreso con fluidez y transmito matices sutiles de sentido con precisión. • Si tengo un problema, sorteo la dificultad con tanta discreción que los demás apenas se dan cuenta.
Expresión oral	Presento descripciones claras y detalladas sobre temas complejos que incluyen otros temas, desarrollando ideas concretas y terminando con una conclusión apropiada.	Presento descripciones o argumentos de forma clara y fluida y con un estilo que es adecuado al contexto y con una estructura lógica y eficaz que ayuda al oyente a fijarse en las ideas importantes y a recordarlas.

Para las actividades de expresión oral, es decir, e en las que el usuario de la lengua produce un texto que es recibido por uno más oyentes, el MCER propone escalas ilustrativas.

Tabla 1.25 **Expresión oral**

Actividades	Escalas ilustrativas
Realizar comunicados públicos	Expresión oral en general
Dirigirse a un público	Monólogo sostenido: descripción de experiencias
Hablar apoyándose en notas	
Representar un papel ensayado	Monólogo sostenido: argumentación (por ejemplo, en un debate).
Hablar espontáneamente	
Leer en voz alta	Declaraciones públicas
Cantar	Hablar en público

Para la interacción oral, es decir, cuando el usuario de la lengua actúa de forma alterna como hablante y como oyente, es decir, siguiendo el principio de cooperación, el MCER recoge las siguientes actividades y escalas ilustrativas:

Tabla 1.26 **Interacción oral**

Actividades	Escalas ilustrativas
Transacciones	Interacción oral en general
Conversación casual	Comprender a un interlocutor nativo
Discusión informal	Conversación
Discusión formal	Conversación informal (con amigos)
Debate	Conversación formal y reuniones de trabajo
Entrevista	Colaborar para alcanzar un objetivo
Negociación	Interactuar para obtener bienes y servicios
Planificación conjunta	Intercambiar información
Cooperación práctica entre los objetivos, etc.	Entrevistar y ser entrevistado

Para ilustrar los ejemplos de tareas de expresión e interacción orales, incluimos, al igual que en el caso de la expresión e interacción escritas algunas que aparecen en los exámenes DELE.

Por ejemplo, describir o comparar imágenes y relatar lo que reproduce la imagen.

DELE - NIVEL A2
Expresión e interacción orales

TAREA 2

DURACIÓN: 2-3 minutos

En esta tarea el candidato debe describir de manera breve y sencilla los elementos de una escena de la vida cotidiana en la que se reflejan asuntos de tipo práctico, como pueden ser las compras, el uso de medios de transporte, etc.

La tarea consiste en un monólogo sostenido breve, previamente ensayado, a partir de una fotografía.

El candidato dispone de una fotografía que refleja una situación de la vida cotidiana y de indicaciones sobre el contenido de la descripción que debe realizar.

Ejemplo de la tarea 2

Tarea 2
Instrucciones para la descripción:
• Describa la fotografía: el lugar, las personas, los objetos y las acciones.
• Debe hablar sobre las características físicas de las personas y sobre su ropa o sobre las cosas que llevan.
• Usted debe hablar durante 2 ó 3 minutos.

Fotografía:

Ejemplos de preguntas para la descripción

• ¿Quiénes son? ¿Dónde están?
• ¿Puede describir este lugar?
• ¿Cómo es la ropa que llevan?
• ¿De qué cree que están hablando?
• ¿En qué ciudad cree que está esta oficina? ¿Por qué?

Fig. 23 Examen DELE, Modelo 0, nivel A2

a) Reproducir, resumir u opinar sobre el contenido de un texto escrito u oral.

DELE - NIVEL C2
*Destrezas integradas: comprensión de lectura
y expresión e interacción orales.*

TAREA 1
6–8 minutos

En esta tarea el candidato debe comprender y transferir información de dos o tres textos (entre 700 y 800 palabras en total) y una o dos imágenes (gráficos, esquemas, humor gráfico, etc.), que expresan diferentes aspectos, circunstancias u opiniones sobre un mismo tema (pueden ser contrarios o no, pueden tener informaciones diferentes y registros diferentes).

La tarea consiste en un hacer un monólogo sostenido en el que el candidato utilizará los materiales que se le han proporcionado como base para elaborar un discurso adaptado al nivel de formalidad que requiere una presentación preparada en una situación de examen.

El candidato dispone de textos escritos y estímulos gráficos pertenecientes al ámbito académico, profesional o público, y de indicaciones sobre el contenido o el tipo de monólogo que tiene que enunciar.

Ejemplo de la tarea 1

Tarea 1
Instrucciones:
*En noviembre de 2010 la UNESCO aceptó la candidatura de inscripción de la Dieta Mediterránea en la Lista representativa del patrimonio cultural inmaterial de la humanidad, presentada por iniciativa conjunta de España, Grecia, Italia y Marruecos.
La Dieta Mediterránea se ve seriamente amenazada en la actualidad y las consecuencias de su progresivo abandono ya comienzan a percibirse en la salud, los cultivos y el paisaje de los países que la conservaban. Se espera que el reconocimiento de la UNESCO ayude a frenar este abandono.*

Prepare una presentación de 6-7 minutos en la que explique al entrevistador, entre otras cuestiones:
   - qué es la Dieta Mediterránea;
   - cómo se pone de manifiesto en la alimentación cotidiana;
   - cuáles son sus beneficios y las razones que hacen necesaria su conservación.

Para preparar su intervención cuenta con los siguientes materiales de apoyo. Utilícelos todos, seleccionando de cada uno de ellos la información que considere oportuna:
   1. Gráficos 1 y 2
   2. Texto 1: La dieta mediterránea, la aportación científica contemporánea.
   3. Texto 2: La dieta mediterránea.

Fig. 24 Examen DELE, Modelo 0, nivel C2

b) Representar juegos de roles

Preparativos para un congreso

Usted está haciendo los preparativos para un congreso en un hotel local. Su interlocutor es el organizador de congresos del hotel y le visita para hablar sobre él.
Usted deberá obtener esta información:
- Cómo son las salas de conferencias del hotel.
- El precio por usar las salas.
- El equipamiento disponible.

El interlocutor le pedirá su opinión sobre esta información.

DISCUSIÓN

Ahora discuta con su interlocutor:

¿Qué aspectos son importantes para que un congreso tenga éxito?

Fig. 25 (Examen EIO USAL esPro, Modelo 0, Tarea 3)

c) Conversar entre estudiantes a partir de preguntas que se construyen y formulan alternativamente.

EXPRESIÓN E INTERACCIÓN ORALES. NIVEL INTERMEDIO
Español para extranjeros

Tema 1. ALIMENTACIÓN Y SALUD

Candidato A

Candidato B

Según un estudio realizado en los Estados Unidos, el consumo habitual de comida basura aumenta el riesgo de sufrir obesidad. Los expertos han analizado durante 15 años los hábitos alimenticios de tres mil personas y su repercusión en sus condiciones físicas. Así, las personas que van dos días a la semana a restaurantes de comida rápida han engordado 4,5 kilos más que las personas que lo hacen solo un día.

(Extraído y adaptado de: http://www.loquesomos.org)

Hay personas que no comen de forma sana y engordan muchísimo. Algunas de estas personas tienen una enfermedad, la obesidad, que puede llegar a ser grave, y que no pueden curar haciendo dieta para perder peso. En estos casos, actualmente, el problema puede solucionarse con una operación que consiste en hacer más pequeño el estómago. Esta operación es agresiva, pero garantiza perder peso y no volver a ganarlo.

(Extraído y adaptado de http://www.susmedicos.com/obesidad.html)

1. **Observe** su fotografía y **pregunte a su compañero** sobre detalles de la suya. Hablen sobre las **diferencias y parecidos** entre las dos.

2. **Explique** lo que dice su **texto** y escuche las explicaciones de su compañero. A continuación **intercambien** sus **opiniones** sobre el tema y el contenido de los textos.

3. **Para saber más...**

   Por turnos, haga **tres preguntas** a su compañero, sobre los puntos siguientes, y **responda** a las tres preguntas que él le hará. Empiece por el primer enunciado.

   – La última celebración de una comida familiar o con amigos.
   – Un recuerdo de la infancia relacionado con la comida.
   – Cambios en sus hábitos de comidas desde que vive en España.
   – Preparación de algún plato típico de su país.
   – Consejos sobre qué comer en su país.
   – Gustos y preferencias: comer en casa o en el restaurante.

Para terminar, el **examinador** puede hacerle alguna **pregunta** relacionada con el tema.

   1. ¿Qué diferencias hay entre la dieta de su país y la nuestra?
   2. ¿Le gusta cocinar, ir al mercado...? ¿Por qué?
   3. ¿Qué prefiere: dulce o salado? ¿Por qué?
   4. Cuéntenos algo que le haya pasado en un bar o un restaurante.
   5. ¿En tu país hay tantos bares como en España? ¿A qué crees que se debe esta diferencia?

Fig. 26 (Figueras y Puig, 2013)

1.6 ESTÁNDARES EN EVALUACIÓN Y PLANES CURRICULARES NACIONALES E INTERNACIONALES

La enseñanza y la creación de exámenes estandarizados necesitaban unas directrices para poder medir el nivel de dominio lingüístico de los candidatos de acuerdo con los niveles especificados en los planes nacionales e internacionales. Para ello, se crearon escalas de evaluación elaboradas por organizaciones profesionales en las que se basaron los exámenes estandarizados más importantes en la enseñanza de lenguas adicionales. Asimismo, la tendencia progresiva hacia una mayor transparencia de las instituciones educativas y la mayor integración internacional ha provocado un aumento en el uso de los marcos de referencia uniformes (Parrondo: 2004).

En 1971 se celebró un *simposium* sobre *La Enseñanza de Lenguas Modernas en la Educación de los Adultos*. Estaba clara la necesidad de crear un marco de referencia europeo en el ámbito de la enseñanza de lenguas a adultos porque en Europa, los movimientos migratorios que se originaron por la gran cantidad de trabajadores de unos países a otros hacían ver con claridad la importancia de la enseñanza de las segundas lenguas. Así, el Comité de Educación Extraescolar y Desarrollo Cultural del Consejo para la Cooperación Cultural del Consejo de Europa, reunido en la ciudad helvética de Rüschlikon, pidió a un equipo de acreditados lingüistas y profesores de lengua —conocido como el *Grupo de Expertos*— el establecimiento de un marco de referencia europeo en el ámbito de la enseñanza de lenguas a adultos. Por un lado, la enseñanza de la lengua extranjera tenía que llegar a todos los sectores de la población y, por otro lado, se debía fomentar la comprensión, la cooperación y la movilidad geográfica entre los europeos. Surge así la iniciativa del *Proyecto de Lenguas Modernas*, dirigido por J. Trim.

Trim perfiló las líneas generales de un sistema para poder relacionar los exámenes y los métodos de medición de niveles de competencia lingüística en los países que formaban el Consejo de Europa. Había que conseguir una parrilla que permitiera comparar niveles de competencia lingüística con términos uniformes, y que representaran las capacidades por igual. No importaba cómo el candidato había conseguido llegar hasta ese nivel, ni cuánto tiempo le había costado. Lo importante era que un hablante de una lengua con cierto nivel, pudiera compararse con otro hablante de otra lengua, que debía dominar lo que se describía en ese nivel de lengua. De esta forma, los tests y exámenes nacionales o institucionales serían más transparentes, se podría conocer el significado del examen en todos los contextos. El equipo encargado de esta misión comenzó creando listas de vocabulario y léxico frecuente con la intención de recoger diferencias y similitudes de capacidad de uso entre alumnos de distinto origen y distintos sistemas educativos. La primera conclusión que extrajeron fue que saber palabras, no significa saber usarlas, y lo mismo pasaba si se aplicaba a los conocimientos morfosintácticos. El binomio vocabulario y gramática no significaba que los estudiantes tuvieran un control de la pragmática de la lengua, que es la que decide si se puede o no se puede decir eso en la lengua en el contexto que elegimos. La ecuación español correcto no da como resultado expresión adecuada.

Todo esto se llevó a cabo adaptando enfoques diferentes. Siguieron los estudios y nociones de Wilkins y crearon catálogos de funciones generales, nociones generales y nociones específicas. Ofrecían un inventario con las tres categorías para elegir temas en la clase.

Los inventarios eran negociables en doble sentido: si se trataba de una función menos relevante para determinado público, se podía sustituir por otra. Si el usuario/profesor consideraba que los exponentes lingüísticos propuestos no eran los mejores, se podían sustituir por otros, sin detrimento para el nivel de competencia comunicativa que alcanzaría el alumno. Así, habría muchos niveles umbral posibles, y muchos niveles de proficiencia por encima y por abajo de ese primer paso en el desarrollo del producto.

A lo largo de los años se multiplicaron los estudios en torno a estos conceptos. Se crearon descripciones de niveles umbral en todos los idiomas europeos, se llevaron a cabo experimentos de aplicación en cursos de universidades populares de distintos países, en academias de lengua, en enseñanzas medias, en diseño curricular de educación secundaria general lo mismo que en escuelas de enseñanza profesional de todos los tipos. Hemos visto una aceptación masiva y general de estos conceptos, sobre todo en planes oficiales de educación secundaria y superior.

Uno de los documentos redactados en 1972 por el *Grupo de Expertos* lleva por título *The Threshold Level* (van Ek, 1975). Después de este documento dedicado al inglés, empiezan a publicarse los equivalentes en otras lenguas europeas: *Nivel Umbral* (español), *Un Niveau Seuil* (francés), *Kontakt Schwelle* (alemán), *Livello Soglia* (italiano), etc.

En 1990 sería ALTE (Association of Language Testers in Europe) quien desarrollaría una escala común basada en el modelo del Nivel Umbral que reconoce tres grandes niveles: inicial (A), intermedio (B) y avanzado (C) que a su vez se dividen en dos niveles cada uno.

Tabla 1.27 Niveles ALTE

Nivel Acceso de ALTE: capacidad muy básica para comunicarse e intercambiar información de forma sencilla.
Ejemplo: PUEDE plantear preguntas sencillas respecto a un menú y comprender respuestas sencillas.
Nivel 1 de ALTE (usuario del Nivel Plataforma): capacidad para abordar información sencilla y clara, y comenzar a expresarse en contextos conocidos.
Ejemplo: PUEDE participar en una conversación rutinaria sobre temas sencillos y predecibles.
Nivel 2 de ALTE (usuario del Nivel Umbral): capacidad para expresarse de forma limitada en situaciones cotidianas y de abordar de forma general información no rutinaria.
Ejemplo: PUEDE solicitar abrir una cuenta bancaria siempre que el procedimiento sea sencillo.
Nivel 3 de ALTE (usuario independiente): capacidad para conseguir la mayor parte de sus objetivos y de expresarse en una cierta variedad de temas.
Ejemplo: PUEDE servir de guía a los visitantes y ofrecer una descripción detallada de un lugar.
Nivel 4 de ALTE (usuario competente): capacidad para comunicarse en la que destaca lo bien que lo hace en función de su adecuación, sensibilidad y capacidad para abordar temas no cotidianos.
Ejemplo: PUEDE responder a preguntas hostiles con seguridad. PUEDE tomar y mantener el turno de palabra.

Tabla 1.27 Continúa

Nivel 5 de ALTE (usuario óptimo): capacidad para utilizar material con un alto nivel de exigencia académico o cognitivo y de causar una buena impresión en el uso de la lengua en un nivel de actuación que puede ser, en cierto sentido, más avanzado que el de un hablante nativo de tipo medio.
Ejemplo: PUEDE leer textos por encima para buscar información importante, PUEDE captar el tema principal del texto y leer con tanta rapidez como un hablante nativo.

Para tener una idea más clara de los niveles de ALTE, quizá pueda servirnos este cuadro donde aparecen otros niveles para el inglés reconocidos internacionalmente.

Tabla 1.28 Niveles ALTE y otros para inglés

ALTE level	MCER level	ESOL Exam	IELTS Exam	TOEIC	TOEFL
Level 5	C2	CPE	7.5+	___	
Level 4	C1	CAE	6.5–7	945+	110+
Level 3	B2	CFE	5–6	785+	87+
Level 2	B1	PET	3.5–4.5	550+	57+
Level 1	A2	KET	3	225+	
Acceso	A1	___ _	1–2	120+	

También podemos ver más ampliada esta comparación en *http://www.alte.org/attachments/files/framework_spanish.pdf*

En 1994 ALTE también consiguió realizar un acuerdo para la creación de un código de buena práctica ética en evaluación (*Principles of Good Practice for ALTE Examinations*) que se ha revisado posteriormente. También creó en 1998 los *Can Do Statements* que en español serían las afirmaciones de capacidad y en el año 2000 el *Portfolio europeo de las lenguas*.

En el año 2002 el Consejo de Europa creó el *Marco común europeo de referencia para las lenguas* que se convirtió en el gran documento de referencia para la enseñanza y evaluación de las lenguas en Europa y que se ha visto complemetado con la aparición del Companion Volume en 2020.

El MCER detalla las capacidades comunicativas para la comprensión y producción de segundas lenguas en situaciones determinadas y para cumplir propósitos específicos (Little, 2006). Estas capacidades, como dijimos anteriormente, se dividen en tres:

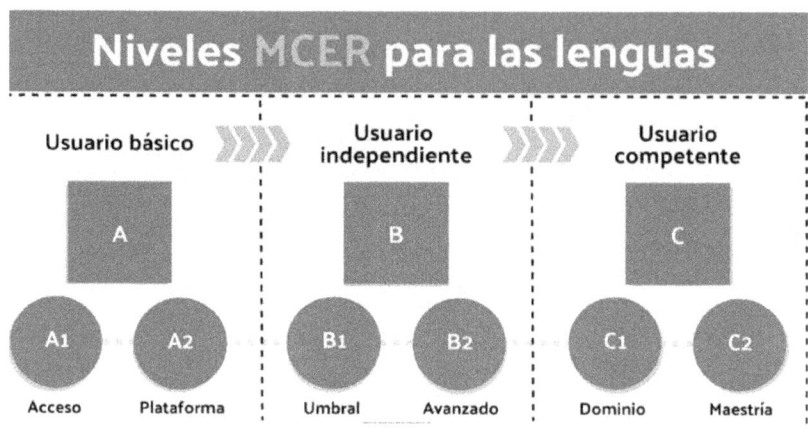

Fig. 27 NIVELES DE REFERENCIA COMUNES

El *Marco común europeo de referencia* establece una escala de 6 niveles comunes de referencia para la organización del aprendizaje de lenguas y homologación de los distintos títulos emitidos por las entidades certificadas. La división se agrupa en 4 bloques que responden a una división más clásica de nivel básico, intermedio y avanzado, aunque no se corresponden exactamente con los niveles clásicos por estar situados por encima o por debajo de ellos.

Dimensión vertical: los niveles comunes de referencia

El *Marco de referencia* diferencia tres niveles: A (usuario básico), B (usuario independiente) y C (usuario competente), cada uno de los cuales se subdivide en dos niveles: A1–A2, B1–B2, C1–C2. De este modo, el proceso de aprendizaje de una lengua extranjera queda dividido en seis fases (p.25):

- **Acceso** *(Breakthrough)*, que se corresponde con lo que Wilkins denominó en su propuesta de 1978 «Dominio formulario», y Trim, en la misma publicación, «Introductorio».
- **Plataforma** *(Waystage)*, que refleja la especificación de contenidos del Consejo de Europa.
- **Umbral** *(Threshold)*, que refleja la especificación de contenidos del Consejo de Europa.
- **Avanzado** *(Vantage)*, que refleja la tercera especificación de contenidos del Consejo de Europa, nivel que Wilkins ha descrito como «Dominio operativo limitado» y Trim como «la respuesta adecuada a las situaciones normales».
- **Dominio operativo eficaz** *(Effective Operational Proficiency)*, que Trim denominó «Dominio efectivo» y Wilkins «Dominio operativo adecuado», y que representa un nivel avanzado de competencia apropiado para tareas más complejas de trabajo y de estudio.
- **Maestría** *(Mastery)*, (Trim: «dominio extenso»; Wilkins: «Dominio extenso operativo») que se corresponde con el objetivo más alto de los exámenes en el esquema adoptado por ALTE (*Association of Language Testers in Europe*). Se podría ampliar para que incluyera la competencia intercultural más desarrollada que se encuentra por encima de ese nivel y que consiguen muchos profesionales de la lengua.

En Estados Unidos, en la década de los 80, la organización *American Council for the Teaching of Foreign Languages* (ACTFL) publicaron en versión provisional los niveles de competencia lingüística. La escala de niveles que se publicó en 1986, estaba basada en una escala anterior que creó el *Foreign Service Institute* durante los años 50 y la escala gubernamental *Interagency Language Roundtable*. La *Guía de dominio lingüístico* de la ACTFL se ha actualizado en tres ocasiones, la última en 2012.

La *Guía* distingue cinco niveles de dominio lingüístico: Distinguido, Superior, Avanzado, Intermedio y Novicio, que a su vez se dividen en los subniveles alto, medio y bajo.

Los cinco criterios comprenden la función y la actividad global, el contexto, el contenido, la exactitud y extensión del texto.

Sandrock (2010) cree que el nivel intermedio lo alcanzarían, por ejemplo, estudiantes de secundaria que han estudiado español como segunda lengua entre 4 y 6 años, el nivel avanzado a licenciados en español como segunda lengua, pero sin experiencia en un país hispanohablante, y el superior, correspondería a estudiantes de español que han vivido durante un tiempo en un país de habla hispana en un contexto profesional.

A continuación, mostramos un cuadro que describe a grandes rasgos lo que se espera de un candidato de cada nivel.

Descriptores de los niveles de ACTFL

Tabla 1.29 Estándares ACTFL, adaptado(2012)

El candidato al nivel Novicio:
– Produce palabras aisladas y frases memorizadas
– Es capaz de entenderse, con alguna dificultad, con alguien acostumbrado a tratar a extranjeros
– No se desenvuelve en una situación o en una transacción sencilla.
El candidato al nivel Intermedio:
– Es creativo con el lenguaje
– Pregunta y responde preguntas sencillas
– Puede tratar temas familiares
– Se expresa al nivel de la oración
– Se desenvuelve en una situación o en una transacción sencilla
– Es capaz de entenderse con alguien acostumbrado a tratar a extranjeros
El candidato en el nivel Avanzado:
– Trata una variedad de temas familiares concretos
– Narra
– Describe
– Se expresa en unidades superiores a la oración
– Se desenvuelve en una situación o en una transacción complicada
– Es capaz de entenderse con alguien no acostumbrado a tratar a extranjeros
El candidato en el nivel Superior:
– Puede tratar temas abstractos
– Puede participar en conversaciones profesionales
– Apoya su opinión
– Expresa hipótesis
– Se desenvuelve en una situación desconocida
– Se expresa con un alto grado de exactitud
– Se expresa en discurso amplio y elaborado
El candidato al nivel Distinguido:

Tabla 1.29   Continúa

– Usa el idioma con precisión y eficacia
– Se expresa sobre temas globales y abstractos en una manera apropiada culturalmente
– Puede usar discurso persuasivo e hipotético con función representativa
– Es capaz de adecuar su lenguaje a registros culturalmente apropiados

Como señala Antón (2013), esta guía ha tenido un gran impacto y ha dado origen a otros dos documentos:

– Estándares Nacionales para la enseñanza de Idiomas Extranjeros (1996) y revisados (National Standards, 2006). Este documento marca metas de contenido en los programas de idiomas. Once estándares, agrupados en las categorías comúnmente denominadas *las cinco Ces* que en general se aceptan en los Estados Unidos.

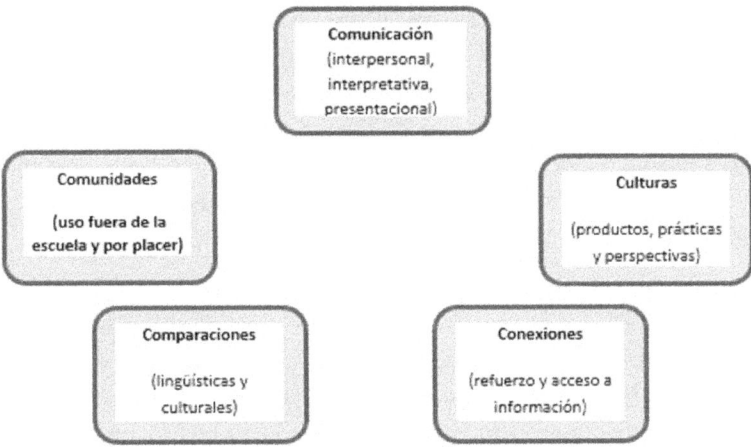

Fig. 28 Estándares Nacionales

– Guía de Actuación para aprendices escolares (ACTFL, 1998) describe habilidades comunes para cada nivel para reflejar los tres estándares en la categoría de la comunicación: interpersonal, interpretativa y en modalidad de presentación.

1.7. LA EVALUACIÓN COMO DISCIPLINA EN EVOLUCIÓN

Desde su inicio en los años 60 hasta nuestros días, la evaluación es una disciplina que ha ido cambiando y, sobre todo, adquiriendo más importancia con el paso de los años en el mundo de la educación y en los currículos. Además, la calidad del trabajo ha ido aumentando proporcionalmente. Para ello se mencionan como factores de evolución nuevas áreas de interés y la utilización de las nuevas tecnologías. El camino que se ha tomado con las últimas propuestas para la evaluación cualitativa es el de obtener datos sobre el proceso de enseñanza-aprendizaje más que el del resultado de la instrucción (Bordón, 2004, 55:5–29). Veamos su evolución.

1.7.1. LOS AÑOS 60

Los métodos de la enseñanza de lenguas modernas eran la herencia de la enseñanza de las lenguas clásicas, del latín y el griego, y se basaban en el estudio gramatical de las mismas

Época estructuralista. Revelan el dominio del sistema lingüístico de la L2, pero no su habilidad para usar la lengua. Se utilizaban tareas de selección múltiple que, con técnicas psicométricas, les daban fiabilidad a los exámenes, puesto que se trata de pruebas objetivas.

Hay una figura que destacar en estos años, Roberto Lado con su libro *Language Testing: The construction and Use of Foreign Tests* (1961) aunque recoge técnicas que ya se han visto superadas.

1.7.2. LOS AÑOS 70

A mediados de los sesenta y en los setenta la evaluación incorpora una visión de la habilidad lingüística como consistente en las cuatro destrezas y en una serie de componentes (gramática, vocabulario y pronunciación). Es la época en la que triunfa lo estructuralista, pero en la segunda mitad de los años setenta se ve que ese modelo entra en crisis y ya hay nuevas propuestas didácticas que se dirigen a un enfoque comunicativo. Así lo señala Weir (2002) cuando se revisó en 1975 el CPE (*Certificate of Proficiency in English*). Así, el examen que estaba dividido en escrito y oral, pasó a tener 5 secciones: composición, comprensión de lectura, uso del inglés, comprensión auditiva y entrevista. Esto supone el abandono total de la concepción de la lengua como una competencia unitaria para inclinarse por la habilidad lingüística basada en las 4 destrezas.

Todo lo que se discutió en el primer Language testing research Colloquium de 1979 señalaba a los años 80 como los años del modelo de competencia comunicativa, es decir, del "uso" de la lengua. La lengua nos sirve para crear un discurso propio, con significado y teniendo en cuenta el contexto. Por lo tanto, si la enseñanza de segundas lenguas iba encaminada a enseñarse de forma diferente, los instrumentos y la forma de medir lo que sabe el candidato, irremediablemente, tenía que cambiar para ser coherente con el nuevo modelo.

1.7.3. LOS AÑOS 80

En 1983 se celebró en Hong Kong el *International Symposium on Language Testing* que permitió la recopilación de trabajos de investigadores de ese momento. Se recogen reflexiones del tipo de si los exámenes son los que imponen lo que se debe enseñar (tipo de lengua) o por el contrario, el examen recoge la lengua que se quiere enseñar.

Se distingue entre los Exámenes de **aprovechamiento**, es decir, si sirven para comprobar que el aprendiz ha cumplido los objetivos del curso, y los exámenes de nivel de **dominio**, que Davies (1985) califica de más creativos, y que dan origen a cursos y programas para que el candidato se prepare estos exámenes, es decir, influyen en el modelo lingüístico que se llevará a cabo.

Rea (1985) pone de manifiesto que, aunque está claro que se debe seguir un enfoque comunicativo en la enseñanza de las lenguas, la adopción de este modelo encuentra problemas porque una lengua no se puede medir a través de elementos discretos.

En este simposio también se trata el tema de los exámenes a gran escala porque son una parte muy importante en evaluación por todo lo que supone: creación, administración, corrección, calificación, informes, etc. Así se recoge en el trabajo de Merrill Swain (1985), donde expone los principios generales que, en su opinión, deben regir la elaboración de un examen a gran escala:

1. Se necesita un marco teórico del que partir. Tiene que haber una concepción de la naturaleza de la lengua para poder elaborar un examen de lengua. Por supuesto, ella propone el suyo con Canale (Canale y Swain, 1980).
2. Concentrarse en el contenido. Debe ser motivador, sustancioso, integrador e interactivo por naturaleza. Las tareas deben generar en el candidato actuación gramatical, discursiva, sociolingüística y estratégica.
3. Sesgar con buen fin. Se debe hacer todo lo posible para que el candidato saque lo mejor de él mismo. Esto se hace dando tiempo suficiente para hacer el examen, darle información acerca de lo que se espera de él o, incluso, dejarles usar el diccionario durante la prueba u otro tipo de recursos.
4. Trabajar más en el aspecto de la repercusión (*washback*), el impacto del examen, es decir, cómo influye éste en la enseñanza. Por ejemplo, si un estudiante tiene que superar un examen con ciertas características, habrá que orientar la enseñanza para que lo hagan con éxito. Considera muy importante que los profesores formen parte del diseño, administración y calificación de exámenes porque así podrán encontrar y sugerir estrategias alternativas de enseñanza-aprendizaje, además de cambiar aspectos de lo que enseñan.

En ese momento estaba vigente un problema que todavía hoy sigue vivo que es la evaluación de la parte oral. En el *simposium* de Hong Kong se presentaron varios proyectos donde se resalta que la prueba oral debe ser directa y debe estar incluida en los exámenes. Si se trata de un examen de aprovechamiento es posible que la evaluación oral sea el resultado de lo que el profesor ve a lo largo del curso.

También se aborda el tema de la evaluación de la expresión oral. Los exámenes de certificación lingüística actuales incluyen pruebas de expresión oral que marcan cómo usa el candidato la lengua, excepto en los casos en que la evaluación de la parte oral se hace de forma continuada con la participación del alumno en la clase, por ejemplo. Todo esto deja muy lejos lo que Lado (1961) defendía, la evaluación indirecta. Empieza así la preocupación por crear pruebas que permitan una evaluación objetiva, y esto pasa por la utilización de criterios y la formación de examinadores. También pasaría por definir la relación entre examinador y candidato, calcular el coste de la prueba e incluiría apoyo tecnológico, algo que, llegados a este punto, resulta muy útil, especialmente en el caso de las pruebas orales *online*.

El apartado más destacado del simposio es el dedicado al gran protagonista de la evaluación: la validación. Si un examen no es válido no sirve para nada. Se puso de manifiesto que existían diferentes definiciones del concepto. Habría que resaltar la ponencia de Stevenson porque propone una revisión del término, cuestionando especialmente la validez aparente (face validity). El experto denuncia que está muy extendida la creencia de que si una prueba oral contiene tareas que constan de una simulación de la vida real, evalúa a un candidato en una actuación directa, cuando en realidad sigue siendo una simulación y deberá evaluarse con bases teóricas.

En el simposio queda claro que hay que establecer el modelo de lengua como competencia comunicativa. Se deja la línea abierta para continuar con el tema de la validez y de la evaluación de la expresión oral.

1.7.4. LOS AÑOS 90

Siguiendo los últimos pasos señalados en la década que hemos descrito anteriormente, acuñando el modelo de lengua como competencia comunicativa, la evaluación se centra en los exámenes de tipo comunicativo. Bachman (1990) lanza una propuesta basada en el modelo de competencia comunicativa de Canale y Swain que se basa en las cuatro subcompetencias: lingüística, discursiva, sociocultural y estratégica, pero Bachman excluye a la competencia estratégica, aunque la considera parte de la habilidad lingüística comunicativa y, además, amplía su alcance respecto del modelo de Canale y Swain. Como señala Bordón (2008: 10):

> De esta manera, para Bachman, la competencia estratégica no consiste en una serie de estrategias compensatorias que sirven para remediar fallos en la comunicación o para reforzarla, sino que es descrita como la responsable de una serie de funciones en la planificación, valoración y ejecución, que proporcionan los medios para explicar cómo los diversos componentes de la competencia lingüística (gramática, textual, pragmática y sociolingüística) interaccionan entre ellos y con rasgos de situaciones de uso de la lengua. El papel de la competencia estratégica en el marco de este modelo se amplía posteriormente (Bachman y Palmer 1996) y se reelabora como una serie de componentes o estrategias metacognitivas que incluyen establecer las metas -decidir qué se va a hacer, valorar establecer qué se necesita, con qué se ha de trabajar y cómo se ha hecho- y planificar -decidir cómo usar lo que se tiene-. Esta propuesta ha resultado muy influyente como

base teórica para indagar e investigar en todos y cada uno de los componentes de la habilidad lingüística comunicativa, e, igualmente, ha servido para proporcionar el modelo de lengua en la elaboración de numerosos exámenes.

Sería en el Simposio de noviembre de 1989 que organizó la IATEFL (*International Association of Teachers of English as a Foreign Language*), titulado *La evaluación de la lengua en los años 90: el legado comunicativo*, donde se recogerían todas las cuestiones prácticas y teóricas en el área de evaluación de las lenguas.

En estos años el gran reto son los exámenes de tipo comunicativo. En *Language Testing in the 1990* (Alderson y North, 1991) se recogen las posiciones de distintos investigadores y usuarios de la evaluación. Carroll y Skehan denuncian que los cambios no son fáciles, de hecho, Carroll (1991: 22–27) indica cinco colectivos reacios a cambiar los tipos y formas de exámenes:

– Los profesores, que se resisten a aceptar cambios e innovaciones porque no lo ven claro.
– Los administradores de exámenes también se resisten en muchos casos por los costes de los exámenes a gran escala.
– Las diferencias culturales.
– La gente en general, a la que le cuesta cambiar.
– El medio académico, que para Carroll resulta ser el peor grupo porque piensa que los profesores e investigadores estrechos de miras critican todo lo que suena a novedad.

Skehan (1991:3–6) arguye la no aceptación a los cambios a otras cuestiones:

– Hay demasiadas investigaciones sobre la lengua que son muy diferentes y que se superponen. Se refiere, en primer lugar, a la gramática estructuralista, luego a la introducción de la gramática transformacional, enfoques basados en actos de habla más tarde, después la lengua como discurso y otra vez Chomsky con la gramática universal. Y todo esto provoca en el mundo de la evaluación un desconcierto que nada tiene que ver con el modelo concreto que se busca para trabajar.
– Colectivos que no están dispuestos a invertir tiempo y dinero en nuevos exámenes porque el proceso de validez y fiabilidad exige mucho tiempo y esfuerzo, también económico, para introducir un nuevo examen.

– Diferencia de intereses porque en todo el proceso hay gente muy diferente implicada. No es lo mismo un investigador que con su teoría nueva expone un nuevo modelo de evaluación que el personal que forma parte de la administración de un examen como la parte de la logística.

Alderson (1991) se ocupa de un tema importantísimo: las escalas. Son la herramienta necesaria para puntuar diferentes niveles de actuación. Si buscamos su origen, lo encontramos en la necesidad de poner puntuaciones objetivas o lo más objetivas posible, especialmente en las pruebas de expresión oral. Las escalas suponen el referente que necesita todo evaluador y es el estándar común para interpretar los resultados de las respuestas abiertas. Si nos ponemos en el punto de vista del candidato, las escalas también son muy útiles porque les permiten entender lo que significa su puntuación. Así, un número de banda equivale a un nivel del MCER, por ejemplo, en el caso deL examen de español USAL esPro el número 3equivale al nivel B1, y los descriptores de nivel detallan lo que el candidato puede hacer en cada uno de ellos.

Otra autora que hay que destacar en estos años es Rea (1991), quien plantea que la evaluación de la gramática no ha evolucionado de la misma manera que ha hecho la evaluación de la lengua comunicativa, es decir, si se camina hacia una gramática comunicativa, lo lógico sería evaluar la gramática de una manera comunicativa también. En estos casos, las pruebas de conocimiento de lengua se basan en ítems discretos cerrados y la otra forma de evaluar esa gramática comunicativamente sería con el candidato actuando en un contexto.

Davies (1991) repasa todos los trabajos anteriores y establece una relación entre evaluación de la lengua y adquisición de segundas lenguas. Señala que la evaluación y la enseñanza de las lenguas deben estar coordinadas.

Se sigue trabajando en los diferentes tipos de evaluación y sus nombres. Recordemos:

– Evaluación cuantitativa como aquella que utiliza exámenes para medir el resultado de un proceso de aprendizaje o el dominio de una lengua.
– Evaluación cualitativa como aquella que se encarga de recabar información del proceso de aprendizaje a través de conversaciones, tareas recogidas en clase, informes del profesor, análisis del discurso, portfolios, etc.

– En este segundo caso, aparecieron otros nombres; *evaluación autén-tica, educativa, pedagógica y alternativa*. En concreto, en el nombre de *alternativa*, Brown y Hudson (1998) mostraron su desacuerdo porque parece que se trata de una nueva forma de evaluar y consideran el tér-mino como negativo.

En los últimos años destacamos la labor de Bachman. Sus estudios se dirigen a la profundización de la relación entre la lingüística aplicada y la evaluación. Bachman (2000) destaca que la evaluación ha profundizado en cinco aspectos:

– La metodología para la investigación.
– Los avances prácticos.
– La calificación de la actuación.
– La preocupación por la ética de los exámenes.
– La profesionalización en el campo de la evaluación.

Lleva a cabo investigaciones sobre evaluación cuantitativa y el modelo de Modelo de Rasch[4] y la evaluación cualitativa.

Entre los avances prácticos logrados, Bachman se refiere especialmente al avance de la tecnología, la aplicación de la informática en la medición (respuesta al ítem), la accesibilidad a ordenadores y la aparición de pro-gramas informáticos, todo ello tiene gran importancia en el mundo de la evaluación. Tampoco se puede dejar atrás el desarrollo de la evaluación con fines específicos y todo lo que se ha conseguido hasta el momento para la evaluación de la pragmática. Pero, especialmente, el capítulo de la informática cobra importancia porque ofrece datos muy importantes y porque incidirán exponencialmente sobre:

a) La interacción entre la actuación del candidato y la evaluación de la actuación.
b) La interacción entre la actuación del candidato y el contenido de los ítems y tareas del examen, y el contenido del examen.

---

4 Modelo de Rasch (1980), que se basa en el enfoque estadístico del Danés Rasch (1980) que consiste en una fórmula matemática, que se puede aplicar a cual-quier disciplina, para la relación entre la probabilidad de éxito y la diferencia entre la habilidad de un individuo y la dificultad de un ítem.

Todo esto nos permitirá investigar cómo se aprende la lengua y qué ítems debemos modificar.

Para Bachman, el hecho de que exista un programa informático que recoja y permita analizar las respuestas de los candidatos contribuye, lógicamente, a desarrollar las teorías de cómo debe ser un examen de diagnóstico y también a comprender mejor cómo aprendemos la lengua. Esto no significa que no encuentre aspectos negativos en el uso de la informática. Cita ciertas limitaciones y se pregunta, por ejemplo, si es lo mismo una prueba de comprensión de lectura en la que el candidato lee un texto impreso en papel que la misma prueba en soporte informático.

Nos gustaría incluir aquí también los factores que, según Bachman (2000), afectan a la actuación del candidato:

- Características del procedimiento de examen y de los calificadores. Se encontraron desajustes en las calificaciones debidas a la lengua materna del evaluador, su formación o su experiencia.
- Procesos y estrategias de los candidatos al responder a las tareas del examen.
- Las características de los propios candidatos. Aspectos como la lengua materna, formación, cultura o sexo inciden en la actuación del candidato (Kunnan 1995).

A finales de los 90 lo que encontramos es el intento de perfeccionamiento de las técnicas de evaluación que existen, pero también la aparición de nuevos procedimientos.

Con el afán de medir la actuación de los candidatos, para la evaluación escrita se cuenta con el **portfolio**. Es una excelente herramienta de evaluación cualitativa, es decir, para obtener información del proceso de aprendizaje de una lengua. Para la expresión oral, se cuenta con las entrevistas orales que podemos encontrar en todo tipo de exámenes y que sirven para medir la habilidad lingüística.

Un portfolio es una carpeta de trabajos que nos proporciona información muy útil: cómo aprenden la lengua los estudiantes, qué tipo de errores cometen y qué estrategias han utilizado. El aprendiz puede ir viendo lo que va aprendiendo, con lo cual, es más autónomo.

El Consejo de Europa, quien promovió este documento personal, lo definía del siguiente modo[5]:

Es un documento personal en el que los que aprenden o han aprendido una lengua, ya sea en la escuela o fuera de ella – pueden registrar sus experiencias de aprendizaje de lenguas y culturas y reflexionar sobre ellas.

El Portfolio consta de 3 partes:

- **Pasaporte de Lenguas**
Lo actualiza regularmente el titular. Refleja lo que éste sabe hacer en distintas lenguas. Mediante el Cuadro de Auto evaluación, que describe las competencias por destrezas (hablar, leer, escuchar, escribir), el titular puede reflexionar y autoevaluarse. También contiene información sobre diplomas obtenidos, cursos a los que ha asistido, así como contactos relacionados con otras lenguas y culturas.

- **Biografía lingüística**
En ella se describen las experiencias del titular en cada una de las lenguas y está diseñada para servir de guía al aprendiz a la hora de planificar y evaluar su progreso.

- **Dossier**
Contiene ejemplos de trabajos personales para ilustrar las capacidades y conocimientos lingüísticos. (Certificados, diplomas, trabajos escritos, proyectos, grabaciones en audio, vídeo, presentaciones, etc.).

De acuerdo con Bordón (2008: 16)

1. Un pasaporte lingüístico, en el que se debe hacer constar una visión general de la identidad lingüística de su dueño, de su experiencia de aprendizaje de la lengua y de su aprovechamiento, así como una autoevaluación de su habilidad lingüística en la segunda lengua.
2. Una biografía lingüística, que incluirá información del proceso de aprendizaje del poseedor del pasaporte, y le permitirá definir sus objetivos de aprendizaje, revisar su progreso, registrar el aprendizaje significativo y las experiencias interculturales, así como reflexionar sobre diversos aspectos del aprendizaje y el uso de la lengua.
3. Un dossier, que consiste en reunir ejemplos del trabajo del aprendiz en la segunda lengua.

---

5 http://www.oapee.es/oapee/inicio/iniciativas/portfolio.html

David Little (2002) explica que las diferentes versiones del PLE tienen en común dos cosas:

- Siguen los principios y guías del consejo de Europa
- Todas tienen en cuenta los niveles del MCER para la evaluación

Sostiene (2002:5), además, que "la autoevaluación es fundamental para el uso efectivo de la PLE, así como para los procesos de planificación, monitorización y evaluación del aprendizaje". Esto significa que uno de las cosas más importantes que puede aportar el portfolio a un estudiante de lenguas es la reflexión sobre su propio aprendizaje, sus habilidades y sus logros. Reflexionar es un hecho fundamental para que la autoevaluación tenga fiabilidad. Con esta autoevaluación y con la evaluación externa se consiguen los dos objetivos del portfolio.

Tabla 1.30 Portafolio

Portafolio	Biografía	Dosier
- Perfil lingüístico - Certificados - Experiencias lingüísticas y culturales	- Descripción de los conocimientos y habilidades lingüísticas - Reflexión sobre el aprendizaje - Formulación de planes de aprendizaje	- Selección de trabajos: redacciones, lecturas, audios, vídeos, etc.

Para la expresión oral, se cuenta con las entrevistas orales que podemos encontrar en todo tipo de exámenes y que sirven para medir la habilidad lingüística. Empezó en los años 60 con la adopción de pruebas directas para la lengua hablada y se trata, quizá, del procedimiento más extendido. Tenemos que señalar las aportaciones de Oller (1979:320–326) donde hacía mención de la *Foreign Service Institute oral Interview*, los primeros intentos de aplicar esta técnica a los exámenes de gran escala. En la entrevista, el candidato cuenta con dos evaluadores durante los 30 minutos que dura el proceso, que solo se acorta a 15 minutos si el candidato apenas tiene habilidad que demostrar desde el principio. La actuación del candidato se graba, bien como elemento de referencia para el futuro bien para usarse en estudios de validez o para el proceso de formación de evaluadores. Hay una escala de cinco puntos que determina el nivel del candidato. Esta escala, según Oller (1979:320–326) refleja la teoría de los elementos discretos (*discrete point theory*), que para determinar la habilidad del candidato califican separadamente en escalas que se refieren a componentes relacionados solo con la competencia lingüística: gramática, acento, vocabulario, fluidez y comprensión. Cada una tiene una puntuación diferente. Así, la gramática es lo que más peso tiene, seguida del vocabulario, comprensión, fluidez y, con menor peso, el acento.

Con el cambio al modelo comunicativo de lengua, hubo un replanteamiento de todos estos principios, especialmente la calificación por medio de escalas, que pasarán de estar definidas en términos de elementos discretos a basarse en la habilidad lingüística. De este modo, pasó a hacerse una calificación *analítica* u *holística*. La **analítica** define niveles de actuación en términos de competencia gramatical, pragmática, etc. La **holística** define el nivel de actuación global.

Todos los exámenes a gran escala incluyen la entrevista para evaluar la expresión oral del candidato. Ésta y su evaluación varían en cuestiones como la duración de la prueba o el número de entrevistadores, online o presencial, pero siempre contando para el proceso con candidato, un entrevistador y al menos un evaluador.

Las entrevistas, para tener la calidad que se exige, deben tener tipos de preguntas adecuados, temas bien elegidos y una situación no real bien seleccionada.

Según Bordón (2008:17), la entrevista más usada es la (ACTFL) Oral *Proficiency interview* (OPI) que desarrolló el *American Council for the teaching of Foreign Languages*, que marca el objetivo de la entrevista en estimular una conversación de manera eficaz para conseguir una muestra del candidato que se pueda calificar.

La OPI es un examen de nivel de dominio que mide la producción lingüística de manera holística. Mide la habilidad de usar la lengua de forma efectiva en situaciones de la vida real con unas tareas determinadas. Las escalas de niveles de ACTFL para la OPI suponen cuatro niveles: novato, intermedio, avanzado y superior que se deben definir con las siguientes categorías

1. **Tareas globales o funciones:** preguntar y contestar preguntas imples, narrar, describir, etc.
2. **Contextos o áreas de contenido:** la serie de circunstancias, lingüísticas o situacionales en las que se desarrollan las tareas y los temas que se relacionan con ellas. Por ejemplo: una tienda de ropa con el contenido de pedir una talla y probar varias prendas.
3. **Rigor con el que se realiza la tarea:** uso del vocabulario, corrección formal, fluidez, pronunciación, adecuación y utilización de estrategias.
4. **Tipo de texto oral que resulta de la actuación de las tareas:** palabras sueltas, frases, oraciones, párrafos o extensión del discurso.

Definición de los niveles

Tabla 1.31 Niveles OPI

Novato: el candidato puede comunicarse mínimamente con emisiones formulaicas y aprendidas de memoria, o con listas y frases.
Intermedio: el candidato puede crear con la lengua, hacer y contestar preguntas sencillas sobre temas corrientes y manejar una situación una transacción sencilla.
Avanzado: el candidato puede narrar y describir en todos los tiempos verbales y manejar una situación con complicaciones.
Superior: el candidato puede fundamentar una opinión, hacer una hipótesis, hablar sobre una variedad de temas de manera concreta y abstracta y manejar una situación lingüística poco frecuente.

Salaberry (2000) critica este tipo de entrevista desde el punto de la validez y fiabilidad. Propone algunos cambios estructurales para mejorar este proceso que se usa mucho en Estados Unidos, pero también es usado para más lenguas, entre ellas, el español. Sin embargo, este método de medición para obtener la habilidad lingüística da muy buenos resultados porque los examinadores tienen una formación muy exhaustiva que culmina en la obtención de un diploma que tiene una duración determinada para que, si el examinador quiere seguir haciendo este trabajo, se someta de nuevo a un reciclaje que hará que mantenga su objetividad y justicia a la hora de evaluar (cada dos años normalmente).

En la actualidad, todos los exámenes a gran escala incluyen la entrevista en la prueba oral, es decir, una prueba con examinador, candidato y, en muchas ocasiones, evaluador.

En 1997 tuvo lugar el *Language Test Research Colloquium* con un lema hasta ahora no tratado, el de la equidad de los exámenes de lengua (*Fairness*) y ese mismo año también la publicación *Language testing* le dedicó un especial al mismo tema.

Bachman (1998) afirma que cuando los exámenes se usan mal, se debe a que no existe una profesionalización de los examinadores y que se hace necesario tener unos estándares y un código deontológico, algo que Stansfiels (1993) y Davies (1997) ya han defendido.

ALTE decidió adoptar un código de buenas prácticas en 1994 que supusiera para los miembros de la asociación[6] y para los futuros miembros[7] con estándares que deberían aceptar para la creación de exámenes y para los usuarios de los mismos. En este capítulo referido a la equidad, no podemos dejar pasar por alto las reflexiones de Mcnamara (2000) en cuanto a la evaluación. Mcnamara distingue dos tipos de evaluación:

Fig. 29 Tipos de Evaluación (Mcnamara, 2000)

Entiende por responsabilidad social que los que crean exámenes tengan responsabilidad sobre los efectos de los mismos teniendo en cuenta tres aspectos:

---

6 En la dirección http://www.ets.org se puede encontrar información acerca de ETS, así como consultar la publicación de sus estándares, y ver ejemplos de exámenes.

7 En la página del Instituto Cervantes: http://www.cervantes.es, se incluyen vínculos que dan acceso a las características de los distintos diplomas DELE y se pueden obtener ejemplos de exámenes antiguos.

Poder rendir cuentas (accountability)	influencia/repercusión del examen (washback effect)	impacto

Fig. 30 Responsabilidad social (Mcnamara 2000)

En el primer caso, **poder rendir cuentas,** se refiere a que los responsables de los exámenes tienen una responsabilidad hacia la gente que hace los exámenes y hacia los que extraen información de los resultados de los exámenes. Por eso, se hace absolutamente necesario crear y proporcionar información sobre el examen a los posibles candidatos, es decir, hay que crear material informativo como folletos, publicidad en papel o internet.

Repercusión del examen (*washback effect*) o impacto que tiene el examen sobre el método de enseñanza o aprendizaje, por ejemplo, con la creación de material de preparación de exámenes.

Impacto del examen en la sociedad, es decir, qué influencia tienen en una comunidad. Por ejemplo, no tiene el mismo impacto un examen DELE o de Cambridge, que uno que se hace en el aula después de un semestre.

Hay defensores de la ética de los exámenes que la comparan con la profesionalización de otras disciplinas como la medicina, como es el caso de Stansfeld (1993: 190) que apuesta por la profesionalización de los examinadores. Une profesionalización a ética. Defiende un código de ética profesional junto a estándares para desarrollar exámenes de lengua. Davies (1997) afirma más o menos lo mismo. Apunta que la ética en la evaluación está basada en la formación de profesionales y en tener un código ético.

La palabra que define los años 90 en la evaluación es la consolidación. Ha supuesto un gran avance en teoría y técnica. Validez y fiabilidad con nuevas perspectivas y desde nuevas perspectivas. La tecnología dio paso a los exámenes por ordenador. Existen más expertos, estudios e investigaciones sobre evaluación, al igual que hay asociaciones, congresos y conferencias que se ocupan del tema. Son ya muchos los países en los que numerosas instituciones dedican tiempo y esfuerzo al estudio de la evaluación. Y el número va en aumento.

1.7.5. LOS PRIMEROS AÑOS DEL SIGLO XXI

Para terminar este recorrido, debemos pasar por este primer tercio de siglo en el que se sigue trabajando en el concepto de profesionalización de la evaluación, es decir, evaluación como profesión, Bachman (2000), formación de expertos en evaluación y seguimiento de estándares de práctica. Expone que hay cinco áreas de profesionalización: metodologías de investigación en este campo, los avances prácticos en evaluación, las variables que afectan la actuación de un candidato, métodos de calificación y cuestiones éticas relacionadas con la evaluación.

Hay que continuar con los principios de equidad y validez. Validez es el concepto más importante en evaluación (Fulcher y Davidson, 2007), es decir, el examen o cualquier otro instrumento de evaluación deben medir de la manera más apropiada y exacta posibles las habilidades que el candidato quiere que se le evalúen. Explican que desde la perspectiva histórica se han identificado tres tipos de validez que ya hemos tratado anteriormente.

La aparición del Marco común europeo de referencia para las lenguas (2001) fue el resultado de un trabajo excepcional que permite reflexionar a todos los profesionales del ámbito de las lenguas modernas sobre los objetivos y la metodología de la enseñanza y el aprendizaje de lenguas. Del mismo modo, así como facilita la comunicación entre estos profesionales y ofrecer una base común para el desarrollo curricular, la elaboración de programas, exámenes y criterios de evaluación, contribuyendo de este modo a facilitar la movilidad entre los ámbitos educativo y profesional.

Uno de los puntos más importantes que se ha desarrollo y se continúa perfeccionando son los avances tecnológicos en informática para aplicar al diseño y calificación de los exámenes, no solo para el análisis de datos, sino para la compleja tarea de evaluar la expresión oral, su calificación y la formación, certificación y recertificación de los examinadores. Nos referimos, por ejemplo, a los exámenes adaptativos en los que un algoritmo sitúa al candidato en un nivel u otro dependiendo de sus respuestas. También se ha avanzado a pasos agigantados en la corrección automática de las pruebas de Expresión escrita y, como no podía ser de otra manera, en los sistemas de vigilancia remota que permiten al candidato realizar los exámenes sin tener que asistir a un centro de examen y obtención de resultados más rápidamente. Nuevos términos procedentes de otros ámbitos, como protección de datos o código de verificación online, forman parte ya ineludible de la certificación lingüística Siempre garantizando la calidad del proceso evaluativo. Y siempre garantizando su código ético. La publicación del Companion volumen (2020) ha ayudado a actualizar y completar algunas cuestiones que el documento del MCER no había incluido, esto es, una formulación inclusiva en cuanto a la modalidad y al género; un mayor detalle respecto a la comprensión oral y de lectura; un nuevo nivel pre-A1, además de una descripción más detallada de los niveles A1 y C, una nueva escala para la competencia fonológica, nuevas escalas para la mediación, la interacción en línea y la competencia plurilingüe/ pluricultural, nuevas escalas para la competencia en lengua de signos, y un breve informe sobre el proceso de desarrollo, validación y consulta llevado a cabo durante cuatro años.

Este nuevo documento constata la implicación del Consejo de Europa en la educación lingüística iniciada en 1971, que persigue fomentar y apoyar el aprendizaje y la enseñanza de lenguas modernas; enriquecer el diálogo intercultural y, en consecuencia, la democracia, la cohesión social y el entendimiento mutuo; proteger la diversidad lingüística y cultural de Europa y promover el derecho de todos a una educación de calidad. En el caso de los exámenes de certificación profesional, queremos señalar que las escalas todavía no recogen ningún criterio que mida la mediación, por lo que creemos necesario que en un futuro se reformen para incluir este aspecto que sí se mide en otras certificaciones de ámbito general.

1.8 LA EVALUACIÓN EN PROYECTOS Y ASOCACIONES

1.8.1. ASOCIACIONES

Como ya hemos escrito varias veces a lo largo de nuestro trabajo de investigación, la importancia de la evaluación ha cobrado un protagonismo capital en la enseñanza de lenguas y prueba de ello son las asociaciones surgidas, las primeras en los años 90, como cooperación internacional en la evaluación de lenguas extranjeras y segundas lenguas en Europa y en el mundo. Gran parte del auge de asociaciones y proyectos se debe a la aparición del MCER y a la financiación proporcionada por la Comisión Europea para los proyectos relacionados con la evaluación de las lenguas.

En 1999 La *American Educational Research Association*, *American Psychological Association* y el *National Council on Measurement in Education* llevaron a cabo conjuntamente el trabajo de crear los *Standards for Educational* and *Psychological Testing* (1999), o lo que es lo mismo, los estándares para el código de buena práctica más detallado para los profesionales de la evaluación.

1. ILTA (International Language testing Association) Asociación Internacional de Pruebas de Lengua)

Se estableció en 1994. Es una asociación de profesionales en evaluación de lengua de ámbito mundial. Fue creciendo en importancia dentro de la conferencia internacional de pruebas de lengua, el LTRC (*Language Testing Research Colloquium*) que se organiza principalmente en los Estados Unidos desde principios de los años 80, aunque en los últimos años se ha organizado en otros países. Tradicionalmente han sido los miembros de ILTA los principales profesionales encargados de llevar a cabo pruebas de lengua.

Entre sus objetivos destacan:

- Estimular el desarrollo profesional mediante la celebración de talleres y conferencias.
- Promover la publicación y difusión de información relacionada con el área de las pruebas de lengua.
- Desarrollar el área de pruebas de lengua y proporcionar personas capaces de liderar esa área.
- Proporcionar servicios profesionales a sus miembros.
- Incrementar el reconocimiento y apoyo a la evaluación de las lenguas como profesión.
- Estimular el orgullo profesional entre sus miembros.
- Reconocer la relevancia de los logros profesionales de sus miembros.
- Cooperar con otros grupos interesados en las pruebas de lengua.
- Cooperar con otros grupos interesados en estudios estadísticos y en lingüística aplicada.

Todos los años celebra su conferencia anual (LTRC) y deja de lado la evaluación en el aula para centrarse en los exámenes y pruebas de lengua a gran escala, porque los exámenes de lengua tienen un gran impacto, es decir, sus consecuencias son relevantes para los examinados y los evaluadores. Además, es más fácil conseguir financiación para este tipo de estudios que para la evaluación en la enseñanza primaria y secundaria, pues, en estos casos, la solución pasa por que el profesor corrija lo necesario.

2. ALTE *(The Association of Language testers in Europe)* *Asociación de examinadores de Lenguas en Europa*

Es la asociación más antigua. Se creó en 1989 por la Universidad de Cambridge y la Universidad de Salamanca. Se diferencia de las otras porque solamente pueden ser miembros de pleno derecho las instituciones responsables de los principales exámenes de lengua. Está formada por 34 miembros que lideran el mundo de la evaluación, representantes de 26 lenguas y también cuenta con 30 instituciones asociadas y más de 120 miembros asociados y miembros individuales.

Estos son sus objetivos:

• Establecer unos niveles de competencia para promover el reconocimiento transnacional de la certificación en Europa.
• Establecer unos criterios comunes para todos los estadios del proceso de evaluación de lenguas; es decir, para el desarrollo de pruebas, tareas de escritura, administración, puntuaciones y calificaciones, informes de resultados, análisis de las pruebas e informes de las conclusiones.
• Colaborar en proyectos conjuntos y en el intercambio de ideas y habilidades.

Los miembros de ALTE se reúnen dos veces al año en diferentes lugares de Europa. Al principio eran reuniones en las que se trabajaba en temas de interés para los elaboradores de exámenes (reuniones internas y grupos de trabajo), pero ahora, y desde hace tiempo, también se incluyen talleres que imparten expertos reconocidos internacionalmente, a los que pueden asistir miembros de la asociación. Estos cursos tienen como objetivo mejorar todos los aspectos del proceso de evaluación para las instituciones que la conforman. En estas reuniones también hay una conferencia abierta para todos los profesores de lengua y diseñadores de pruebas del país anfitrión. ALTE pone a disposición de profesionales de la evaluación o profesores de lengua materiales útiles para trabajar.

ALTE nació con el objetivo de establecer niveles comunes de proficiencia para promover el reconocimiento internacional de la certificación de lenguas en Europa. Antes de la aparición del MCER, ALTE creó su propia escala de niveles. El SIG (Special Interest Group) de ALTE creó el Manual del ALTE/MCER que proporcionó un canal para que los miembros de la asociación pudieran compartir sus experiencias de trabajo con el MCER y una plataforma para el desarrollo de las herramientas, documentos, talleres y eventos relacionados con el MCER. Ha publicado diferentes trabajos que son referencia indispensable para trabajar en el mundo de la certificación lingüística. Su sello de calidad, la Q-mark, se otorga a todos los exámenes que superan la rigurosa auditoría a la que se someten.

3. EALTA (European Association for language testing and Assessment) Asociación Europea de Evaluación y Pruebas de lengua

Es la más reciente, puesto que se creó en 2004. Creció rápidamente porque está abierta a también a individuos, no solo instituciones, y sin ningún coste para el afiliado, aunque también cuenta con instituciones que pagan una cuota. Surgió a raíz de un proyecto financiado por la UE entre el año 2000 y 2004 y cuya finalidad es acercar al mayor número posible de profesionales las pruebas de lengua y la evaluación en Europa.

Estos son sus objetivos:

- Compartir la experiencia profesional en el campo de la evaluación y pruebas de lengua.
- Incrementar la comprensión de la evaluación y de las pruebas de lengua.
- Promover el reconocimiento de la evaluación y pruebas de lengua como disciplina profesional en Europa.
- Mejorar la práctica de los sistemas de evaluación y pruebas de lengua en Europa.
- Proveer formación en pruebas de lengua y evaluación.
- Formar expertos en pruebas de lenguas y evaluación para la resolución de los problemas en evaluación.
- Establecer vínculos con otros grupos interesados en la evaluación y las pruebas de lengua.

• Participar en actividades para la mejora de las pruebas de lengua y la evaluación en Europa.

Esta asociación también tiene una conferencia anual, normalmente en primavera.

4. SICELE (Sistema Internacional de Certificación del Español como Lengua Extranjera)

El SICELE es una iniciativa multilateral de una red de instituciones de enseñanza superior de países de habla hispana y del Instituto Cervantes que se comprometen a la armonización, la transparencia y la coherencia en el reconocimiento mutuo de las certificaciones del dominio de la lengua española a hablantes de otras lenguas.

Propone un sistema internacional de certificación de español como lengua extranjera que unifica criterios y estándares para distintos exámenes de certificación lingüística en varios países hispanohablantes. Los participantes se comprometen a la coherencia en elaboración de exámenes y criterios de evaluación y al reconocimiento recíproco de las certificaciones que se hacen en los países hispanohablantes que participan. Entre los proyectos más interesantes, está el de combinar criterios europeos y americanos porque usan el MCER y la guía de ACTFL como escalas de referencia.

El nacimiento y la evolución del SICELE están vinculados a los grandes eventos académicos de la comunidad hispanohablante. Esta iniciativa tuvo su origen en el III Congreso Internacional de la Lengua Española, celebrado en Rosario (Argentina) en noviembre de 2004, en el que se emplazó a las instituciones que comparten el interés por la difusión de la lengua a buscar mecanismos de concertación y vías de colaboración multilateral para la creación de un sistema de certificación universal destinado a los estudiantes de español.

Siete meses más tarde, en junio de 2005, tuvieron lugar, también en Rosario, las Jornadas para la Certificación Unitaria del Español como Lengua Extranjera, auspiciadas por el Gobierno de Santa Fe, la Municipalidad de la ciudad de Rosario y la Bolsa de Comercio, en las que representantes de más de una treintena de universidades del mundo hispanohablante tuvieron la oportunidad de debatir diversos planteamientos.

En octubre de 2005, en la Reunión de Rectores que tuvo lugar en Salamanca (España) con motivo de la Cumbre Iberoamericana de Jefes de Estado y de Gobierno, se acuerda la creación de un sistema de certificación internacional del español como lengua extranjera y se nombra una Comisión Académica, formada por un representante por país, para su desarrollo.

Como prolegómeno del IV Congreso Internacional de la Lengua Española, celebrado en Cartagena de Indias (Colombia) en marzo de 2007, los rectores y representantes de más de un centenar de universidades del mundo hispanohablante ratificaron la constitución del SICELE en un acto que tuvo lugar en Medellín ante el presidente de la República de Colombia y SM el Rey de España. Los firmantes del "Acuerdo de Medellín" son reconocidos en el proyecto SICELE como "Instituciones fundadoras" de esta iniciativa. Entre sus objetivos destacan[8]:

- Incrementar la importancia de la lengua española en el mundo, fomentar el interés en su aprendizaje por parte de estudiantes de todos los países y satisfacer la necesidad que éstos tienen de que su conocimiento sea evaluado mediante servicios de certificación lingüística de calidad.
- Establecer mecanismos de cooperación y coordinación que permitan armonizar internacionalmente criterios para la certificación del conocimiento del español como lengua extranjera o como segunda lengua.
- Desarrollar e implantar procedimientos y herramientas de verificación de la calidad de los sistemas de evaluación certificativa.
- Garantizar el reconocimiento transnacional de las certificaciones de competencia lingüística que porten el Sello SICELE.
- Desarrollar programas de cooperación en materia de formación del profesorado de ELE.
- Implantar sistemas de colaboración, especialmente para desarrollar proyectos de investigación, para la transferencia de conocimientos y tecnologías aplicadas y para la difusión de la actividad propia del SICELE.

---

8   https://sites.google.com/a/sicele.org/sicele/

Capítulo 2 FINES ESPECÍFICOS: ENSEÑANZA Y EVALUACIÓN

2.1. TECNOLECTOS, SOCIOLECTOS: FINES ESPECÍFICOS

Intentar llevar a cabo una taxonomía de las variaciones que se producen en la estructura lingüística como consecuencia de la interacción social no es tarea fácil. Sobre todo, si tenemos en cuenta que los pasos de una realidad lingüística a otra concreta son casi siempre graduales. De este modo, el análisis de los diferentes fenómenos lingüísticos sólo es operativo en los extremos del esquema que tomamos como referencia (Rodríguez Díez, 1977, p. 485). En los demás casos, comienza un mestizaje, una escala de grises difícil de aprehender a la que se le une un maremágnum terminológico que complica aún más la presentación pedagógica de este aspecto de la lingüística.

Lenguas especiales, lenguas de especialidad, lenguas para fines específicos, para fines profesionales... son términos que se han manejado para referirse a estas variaciones lingüísticas que se producen en distintos ámbitos de comunicación.

Santiago Guervós (1999) hace un repaso a los trabajos que se han dedicado al estudio de este tipo de variedades lingüísticas y concluye que existe una evidente falta de unificación en la nomenclatura empleada para su definición. Una parte de ellas, probablemente influida por su aplicación a la enseñanza de segundas lenguas, prefiere términos como *lenguas de especialidad o especializadas* (heredada del francés, *lange de spécialité*), *lenguas para fines específicos* (del inglés, *language for special purposes*), *lenguajes sectoriales* (del italiano *linguaggi settorialii*), *lenguas especiales*, *lenguajes de especialidad*, etc. Por otra parte, se encuentran aquellos términos como *sociolecto o tecnolecto*, en principio, algo más asépticos, pero que se complican cuando autores como Haensch (1983, p. 11) hablan de *lenguas de especialidad o tecnolectos* y *lenguas especiales* o *sociolectos*. La confusión, entonces, es todavía mayor.

La terminología, como se ve, es variada, pero parece que existe cierto acuerdo, al menos en parte de su contenido. Por regla general se definen como vehículos de comunicación entre especialistas, y se hace hincapié en su carácter temático. Pero ¿qué significa *especialistas*? ¿Puede aplicarse ese término, por ejemplo, a los presidiarios, especialistas en lenguaje carcelario? Porque hay autores que incluyen dentro de lo que denominan *lenguas especiales*, por ejemplo, las lenguas marginales (Rodríguez Díez, 1977, Alarcos LLorach, 1981), mientras que otros ni las mencionan (Cabré (1993), Sager, Dungworth y McDonald (1980), etc.). Obviamente, parece que el alcance de dichos términos no es igual en todos los casos, aunque en muchas ocasiones son tratados como sinónimos. Por otra parte, ¿qué frecuencia temática ha de tener un discurso para ser considerado como *especial*, o de *especialidad*? Mª Teresa Cabré (1993: 138), glosando a Picht y Draskau (1985) afirma:

> Cada lenguaje de especialidad puede actualizarse en distintos niveles de especialización, cuya cima más alta corresponde a la comunicación entre especialistas; y su punto más bajo, a las comunicaciones de carácter divulgativo destinadas al gran público. Para estos dos lingüistas, lo que define la especialidad es la temática, y un texto no deja de ser especializado cuando es divulgativo, aunque su grado de especialización y de abstracción sea inferior.

De tales palabras se pueden extraer dos conclusiones (Santiago Guervós, 1999):

a) Una lengua especial lo es independientemente de la frecuencia de aparición de las características que le son propias. Es cierto que la diferencia entre la lengua común y las lenguas especiales, de especialidad, etc., es más una diferencia de gradualidad que de categoría (Sager, Dungworth y McDonald, 1980) y que existen entre ellas amplias zonas de transición. Mª Teresa Cabré (1993: 144) continúa afirmando que lenguajes como "el de la banca, la bolsa, el derecho o la economía aplicada, constituyen un terreno intermedio entre los lenguajes más especializados y los más generales. Finalmente, los de la restauración, la peluquería, la ferretería, los deportes o los remedios caseros, presentan un grado muy menor de especialización y se hallan en la frontera de la lengua común".

Vistas así las cosas, terminaríamos por concluir que no existen lenguas especiales, sino léxicos especializados jerarquizados por la frecuencia de desconocimiento léxico por parte de la comunidad lingüística. Desde este punto de vista, casi cada campo semántico sería una lengua especial. ¿Es este el elemento fundamental en su definición?

b) Se interpreta *especialidad* y *especialización* en el sentido más científico del término. Tal circunstancia no solamente se aprecia en estos lingüistas, sino que, en general, hay una clara tendencia en todos los autores a identificar los *lenguajes especiales, de especialidad, etc.,* con los científicos, pero sólo con ellos, lo cual provoca una cierta orfandad de definición en otras variedades sociales de lengua que aparecen someramente citadas (administrativa, jurídica, política) y otras, como hemos visto, ni tan siquiera eso.

Nadie duda de que el lenguaje científico es el que presenta una caracterización léxica, sintáctica, morfológica, etc., más clara (sería el que está en el extremo del esquema), pero, obviamente, no es el único. Las transiciones son difíciles de definir y el hecho de que los lenguajes científicos presenten el grado más alto de especialización ayuda a que normalmente la caracterización de estas lenguas se centre precisamente en ellos, pero en detrimento de los menos precisos.

Del mismo modo, se acepta como característica de los llamados lenguajes de especialidad el hecho de que las situaciones de comunicación en las que se produce son de estilo formal (Cabré, 1993: 139), reguladas por criterios profesionales o científicos. De nuevo, el término profesional aparece bastante restringido, ya que no todas las comunicaciones entre profesionales de distintas ramas responden a un estilo formal y, probablemente, no todas las lenguas especiales son propias de profesionales.

Si atendemos a la definición de *tecnolecto* que aporta Haensch (1983: 13–16), en la línea del lenguaje científico de los autores antes citados, percibimos ciertas contradicciones en su definición. Así, si en un *tecnolecto* el elemento estético está generalmente relegado a un segundo plano en favor del elemento funcional, si la claridad de la comunicación pesa más que su belleza, los sinónimos están prácticamente prohibidos, etc., ¿qué pasa con el artículo 811 del Código Civil, el que trata de "El ascendiente que heredare de su descendiente..." y del que se dice que admite veintisiete lecturas distintas? (Salvador, 1992:147–150) ¿Qué pasa, por ejemplo, con el artículo 2 de la Constitución donde aparece, entre otros, el término *nacionalidad* y que ha dado ya lugar a numerosas interpretaciones con no poco aprovechamiento político? Y en estos casos no se puede argumentar una cuestión de gradualidad o de laxitud en el empleo del tecnolecto jurídico, administrativo o político por estar dirigido a un público general. Se trata, en ambos casos, de textos legales: el Código Civil y la Constitución.

Obviamente, como ya hemos apuntado más arriba, parece que se está utilizando el mismo término para hablar de cosas bien distintas. En unos casos, las *lenguas de especialidad, especializadas, etc.* se refieren únicamente a lo que Haensch llama tecnolectos (lenguajes profesionales y científico-técnicos) mientras que en otros se está recogiendo tanto los tecnolectos como los sociolectos, variedades que identifican a un grupo social, habría que decir, no especializado científicamente, es decir, lenguajes marginales, variedades sociales por razón de edad, sexo, etc.

Intentemos precisar, pues, el alcance del término *lengua especial*, que parece más general y con capacidad de abarcar algo más que las otras denominaciones, probablemente, como decíamos, más centradas en la lingüística aplicada a la enseñanza de segundas lenguas.

Veamos los aspectos más coincidentes en las caracterizaciones que hemos ido comentando hasta el momento (Santiago Guervós, 1999):

– Las lenguas especiales son básicamente temáticas, independientemente de la frecuencia de aparición de los términos y las características que los individualizan, sin menospreciar los aspectos morfosintácticos.
– Son vehículo de comunicación entre especialistas, por tanto, no son patrimonio de toda la comunidad lingüística.
– Presentan cierta autonomía con respecto a la lengua general, en el sentido de que la variación de los llamados lenguajes de especialidad no afecta, en principio, al lenguaje común, son ámbitos cerrados.
– Prima el objetivo comunicativo sobre la norma, muchas veces conscientemente transgredida (lenguaje publicitario, periodístico, político, literario, etc.).

Lo cierto es que no todas las que se han considerado lenguas especiales comparten todas estas características, ni siquiera en su estado más puro.

La primera de ellas es la que resulta más convincente y la más unificadora, si bien se cae en el peligro de considerarlas más terminologías que lenguas. No hay que olvidar que algunas de estas lenguas especiales tienen características morfosintácticas tan definitorias como las léxicas, por ejemplo, el lenguaje jurídico-administrativo.

Por lo que se refiere a la segunda, hay que decir que algunas de estas variedades lingüísticas se consideran lenguas especiales porque tienen unas características determinadas, una estructura, un vocabulario concreto, que difiere de la lengua común, pero que en la comunicación no se dirigen a especialistas sino a la comunidad lingüística. Es el caso del lenguaje periodístico o del publicitario. Son especiales porque usan unas técnicas de comunicación determinadas, pero no son vehículo de comunicación entre especialistas y son patrimonio de la comunidad lingüística. No se puede decir que en la técnica publicitaria haya una terminología inaccesible al hablante común (habrá una terminología entre publicistas, pero no en el lenguaje publicitario; iría contra su propia naturaleza). Lo mismo sucede con el lenguaje periodístico. El lenguaje político puede ser otro ejemplo más que sumar a los dos anteriores que más que, o además de, una lengua especial son una técnica de comunicación. En todos ellos el receptor es el hablante común, no el especialista. Incluso en el caso del lenguaje político la comunicación es un tanto *sui generis*. El político no suele transmitir contenidos claros, sino significantes que buscan la reacción emotiva del receptor.

Por lo que se refiere al conflicto con la norma, hay que decir que la realidad social y lingüística de las lenguas especiales provoca que sus usuarios, en muchas ocasiones personas cultivadas con un nivel cultural elevado, cuando se encuentran en el contexto adecuado, emplean ese lenguaje como técnica de comunicación que les permite un entendimiento ágil con los miembros de su comunidad o una forma de alcanzar con mayor facilidad su objetivo comunicativo. De este modo, en muchas ocasiones, prima la comunicación sobre los preceptos.

Así sucede en el lenguaje administrativo, por ejemplo, donde las fórmulas empleadas en la ordenación del discurso, la masiva repetición de locuciones prepositivas —algunas de ellas galicismos flagrantes: *a nivel de*, etc.—, el abuso de derivados adjetivales *(ampliatorio, imponible)*, el uso indebido de gerundios y demás, están prácticamente lexicalizadas y ayudan al lector a buscar la información, a ordenarla y a interpretarla.

El magistrado Joaquín Bayo, en una conferencia pronunciada en los cursos del Plan Estatal de Formación Continuada del Consejo General del Poder Judicial reconocía:

> La justicia, como servicio a la ciudadanía, no puede pretender, bajo la excusa de la necesidad de tecnicismos que su lenguaje sea críptico para el no iniciado. Ésa es la idea de partida que debe tenerse presente. Sin embargo, como técnicos **tampoco podemos renunciar al uso del vocabulario que nos es propio** y que designa con precisión las ideas que manejamos.

Con precisión, evidentemente, dentro del contexto comunicativo en el que se insertan. Y ahí está el *quid* de la cuestión. Es un lenguaje para iniciados, para el entendimiento de un grupo, fuera de la lengua común y donde, por lo tanto, se impone la comunicación sobre la preceptiva, el hábito de la mayoría frente al precepto. No es raro, por tanto, que sean tan frecuentes los neologismos en este tipo de lenguaje. El hablante emplea sus estrategias comunicativas con el fin de ser más explícito, más expresivo, más plástico, y tales estrategias suelen traer consigo neologismos léxicos, palabras creadas por derivación, metáforas, que crean nuevos términos y nuevas acepciones útiles en esa situación concreta, todo ello, realizado con las herramientas que le proporciona la propia lengua.

En conclusión, y precisando ciertos conceptos, estamos con Santiago Guervós (1999) en que cabe hablar de *lenguas especiales* o *para fines específicos,* para referirse a aquellas variedades sociales de la lengua que presentan características léxicas, morfológicas y sintácticas que las distinguen de la lengua común y que presentan, en general, una actitud más bien laxa hacia la preceptiva académica en favor de los objetivos de comunicación. Dentro de estas lenguas especiales podemos distinguir dos grandes grupos:

Los tecnolectos que recogen aquellas lenguas, con variaciones lingüísticas que las distinguen de la lengua común, que caracterizan a grupos sociales estratificados por su profesión, campo de estudio, etc.

Los sociolectos, por su parte, recogen aquellas lenguas, con variaciones lingüísticas que las distinguen de la lengua común, que caracterizan a grupos sociales estratificados por otro tipo de variables: edad, sexo, u otros grupos sociales no profesionales, no laborales (delincuentes, soldados, estudiantes…).

Puede sorprender el concluir con una subclasificación basada más en aspectos sociales que lingüísticos, pero, visto lo visto, probablemente sea el

mejor modo de agrupar tal heterogeneidad de lenguas. Emplear características lingüísticas generales acarrea, por ejemplo, problemas de interferencia
entre sociolectos y tecnolectos. Así, si nos acogemos a la característica de
que no son patrimonio de la comunidad lingüística, no lo son el lenguaje
científico ni el carcelario, por ejemplo; si hablamos de sinonimia, existe
en el administrativo y en el juvenil; si mencionamos la norma académica,
se salta igualmente en el político y en el estudiantil; como medio de comunicación entre especialistas igual lo son los delincuentes que los químicos;
si hablamos de intencionalidad críptica, la hay en el político tanto como
en el de la prostitución.

También hemos podido comprobar cómo lenguas, que habitualmente se
estudian dentro de las lenguas especiales (Beccaria, 1973, Martín, 1996,
etc.), difieren mucho de las características generales que adornan a éstas.
Son los casos del lenguaje periodístico, publicitario o literario que por su
propia naturaleza no van dirigidos a especialistas. Tampoco gran parte
del lenguaje político. Como decíamos, no son tanto *lenguas especiales*
como técnicas de comunicación, pero que, puestos a hacer una definición
integradora, sí caben en la caracterización de las mismas que acabamos
de hacer, de ahí que la definición que proponemos sean tan amplia. No
queremos decir con esto que cada una de estas lenguas no puedan ser
perfectamente caracterizadas lingüísticamente. Lo que sí parece difícil es
encontrar una característica lingüística que aúne a todos los tecnolectos y
a todos los sociolectos.

Pero las lenguas de especialidad son lenguas de comunicación, y como
toda lengua de comunicación tienen un contexto de uso que también hay
que tener en cuenta a la hora de su definición, su aprendizaje, su enseñanza
y su evaluación Así, desde un punto de vista pragmático, en cada acto de
comunicación, de acuerdo con Mª Teresa Cabré (1993: 139), deberemos
tener en cuenta también los siguientes aspectos:

1. Temáticas especializadas son aquellas que no forman parte del conocimiento general de los hablantes de una lengua. Aunque aquí, si ponemos por caso una situación del mundo de los negocios como puede ser
   contratar un seguro, podemos afirmar que un hablante medio puede
   defenderse y el que está especializado superaría ese nivel medio.
2. Los usuarios de estos lenguajes de especialidad son individuos que
   poseen un conocimiento específico de una temática y ha sido aprendido.

3. La situación comunicativa condiciona siempre el acto de comunicación, ya que se produce en un contexto formal.
4. Hay una serie de características lingüísticas y textuales.
5. El lenguaje de especialidad converge con el lenguaje común porque comparten características y hay un trasvase continuo de unidades y convenciones.

Es a partir de aquí, por tanto, desde donde debemos afrontar la enseñanza del español para fines específicos, teniendo en cuenta, pues, qué abarca el término y hasta dónde puede llegar.

2.2. LOS FINES ESPECÍFICOS EN LA ENSEÑANZA DE LENGUAS

La atención en la enseñanza de lenguas con fines específicos ha discurrido paralelamente a la enseñanza de lenguas extranjeras en general. Durante mucho tiempo ha sido algo subsidiario, una actividad dentro de este mundo porque, entre otras cosas, se alegaba que carecía de marco teórico, de modelos de análisis y de metodología propias. Posteriormente, se abrieron importantes líneas de investigación y se aportaron perspectivas muy interesantes que han influido en la enseñanza generalista de las lenguas (Aguirre, 2004).

Hay antecedentes del estudio de la lengua con fines específicos para facilitar la comunicación de distintos pueblos con objetivos comerciales desde mucho tiempo atrás. Como señala Sánchez Pérez (1992: 11) "existen testimonios fiables del aprendizaje de lenguas mediante vocabularios y manuales de conversación entre los sumerios, entre los egipcios, entre los griegos y entre los romanos".

De la misma manera, Miquel Llobera apuntaba, en la conferencia inaugural del primer congreso de CIEFE celebrado en Ámsterdam (2000: 2)

…que el aprendizaje de lenguajes para fines específicos ha sido una constante histórica en el aprendizaje de lenguas. El griego para los romanos era una lengua para fines académicos, como lo era el aprendizaje del latín desde la Edad Media. Estos aprendizajes se articulaban sobre la lengua escrita y se podía prescindir de los aspectos paralingüísticos y no lingüísticos que acompañaron estas lenguas. Los aprendizajes de lenguas indígenas que desarrollaron los franciscanos españoles en América desde su cátedra de lenguas nativas de aquel continente en San Juan de Puerto Rico tenían fines tan específicos como los que nos preocupan ahora, aunque fueran en buena parte para traducir textos religiosos y poder predicar la doctrina católica...

No será hasta el siglo XX cuando podamos realmente hablar de las lenguas de fines específicos en el mundo de la enseñanza. Hutchinson y Waters (1987) fueron los que dieron forma a la definición del concepto como el enfoque de la enseñanza de lenguas para poder atender las necesidades de comunicación de un grupo específico de aprendices de lenguas. Concepto y definición aparecen en los años sesenta en relación con la enseñanza de la lengua inglesa denominándolo como English for Specific Purposes (ESP). El término en la actualidad tiene detractores que prefieren llamarlo español para uso profesional (EUP).

Si buscamos cómo y por qué se empezó a promover todo este movimiento en la lengua inglesa, Carmen Izquierdo (2008:12) lo resume con bastante claridad:

> Las causas y factores que propiciaron este movimiento en la enseñanza de la lengua inglesa son diversos, aunque son muchos los autores que están de acuerdo en que fueron un conjunto de circunstancias que se dieron al finalizar la Segunda Guerra Mundial. Finalizado el conflicto bélico comenzó una etapa de expansión de la actividad económica, científica y técnica sin precedentes. La transmisión de los nuevos conocimientos y las actividades comerciales requerían la utilización de una única lengua para la comunicación internacional. Por distintas razones, pero, sobre todo, por el potencial económico de EEUU. En aquellos momentos la lengua inglesa gozaba de una posición privilegiada para convertirse en esa lengua internacional para la comunicación científica, técnica y comercial.
>
> Paralelamente, los avances en las investigaciones de las ciencias del lenguaje (lingüística aplicada, psicolingüística y sociolingüística) así como las teorías sobre el aprendizaje y la adquisición de lenguas facilitaron la aplicación de diversos enfoques didácticos orientados a fomentar la capacidad de comunicación en los distintos campos académicos o profesionales que lo requerían.

En esos inicios hubo que establecer unas denominaciones que todavía hoy se mantienen:

– ESP (*English for Specific Purposes*).
– EAP (*English for Academic Purposes*).
– EST (*English for Science & Technology*).
– EOP (*English for Occupational Purposes*).

Para marcar la trayectoria que han seguido la enseñanza de lenguas para fines específicos, no podemos obviar las realidades socioeconómicas de cada país. Esto es así porque las lenguas específicas van unidas a las necesidades que se crean en cada realidad o contexto. Aguirre (1998:7) argumenta:

> Si se toma como referencia la experiencia de la lengua inglesa, se ve que el desarrollo de esta tendencia parte de la constatación de que el enfoque tradicional de la enseñanza de idiomas basado en la descripción de reglas gramaticales y traducción, no capacitaba para desenvolverse eficazmente en situaciones reales de comunicación.

2.2.1. LA IMPLANTACIÓN DE LA ENSEÑANZA DE LA LENGUA PARA FINES ESPECÍFICOS

Si hubiera que marcar el desarrollo o la evolución de la enseñanza para fines específicos, podríamos hacerlo a través de las siguientes etapas:

1. Década de los sesenta. Se trata de una etapa centrada en el concepto de lenguas especiales, de análisis de registros. Como no podía ser de otra manera, el punto de partida de la enseñanza debían ser las características gramaticales y el léxico de la lengua de especialidad que requiriera cada situación comunicativa. Los autores representativos de esta etapa son: Strevens (1964) Halliday y McIntosh (1964). Ewer, Ever y Latorre (1969) y Swales (1971).

2. Años setenta, el foco estaba puesto en el análisis retórico o del discurso. Los Allen y Widdowson (1974) son los protagonistas de esta corriente.

3. Principios de los ochenta. Todos los esfuerzos se dirigían al análisis de la situación meta (Chambers, 1980). Esta etapa supuso un avance muy grande porque, al centrarse en las necesidades del aprendizaje del alumno, se inició la sistematización de la enseñanza y el diseño del curso dependía de estas necesidades.

4. Mediados de los 80. Ahora lo que realmente cobra importancia son las destrezas y las estrategias del alumno. Se trata de analizar los procesos de interpretación y de razonamiento comunes que permitan comprender el discurso, sin tener en cuenta únicamente las formas. El alumno aplica las estrategias para poder comprender tanto textos auditivos como de lectura para su comunicación.

5. Finales de los años 80 y años 90. En esta última etapa lo importante es el aprendizaje (*learning-centred approach*). Hutchinson y Waters (1987) reclaman el papel relegado de la metodología y la manera de aprender, ya que, hasta ahora, lo que importaba era la lengua, sus usos y sus contenidos. Como no podía ser de otra forma, su enfoque se centra en las teorías del aprendizaje.

El recorrido de esta evaluación nos permite concluir que la aportación de Hutchinson y Waters (1987) ha sido clave junto al análisis previo de las necesidades de comunicación, el análisis del discurso y del contexto.

Aunque sin apuntar una fecha exacta, tenemos que remontarnos a los años ochenta para encontrar una cierta demanda de enseñanza de español con fines específicos (EFE). Esto es así porque, desde el mundo de la empresa, las instituciones tanto académicas como comerciales (Universidad- Cámaras de Comercio) empezaron a tener sus propias certificaciones para mostrar los conocimientos, sobre todo, en el mundo de los negocios. Por otro lado, es en esos años cuando se empiezan a publicar materiales específicos para la enseñanza en este ámbito. Si, además, a esto le sumamos la incorporación de España a la Comunidad Económica Europea en 1986 y la liberalización de las empresas energéticas, de comunicación y entidades bancarias, en América Latina durante la década de los noventa, asistimos a un crecimiento en la demanda de EFE.

A partir de ese momento, empiezan a celebrarse congresos, comienzan a abundar los estudios en distintas publicaciones, tesis, trabajos de fin de máster, etc. El Congreso Internacional de español para Fines Específicos que se celebra en los Países Bajos, que lleva ya varias ediciones, o las actividades que lleva a cabo el Grupo de Estudio e Investigación en Español de Especialidad (GERES), que el en el 2016 cumplirá su decimosexto encuentro en la Universidad de Poitiers, son dos ejemplos sintomáticos. Del mismo modo, la Cámara de Comercio e Industria de Madrid hace más de 25 años que administra Exámenes de Español de los negocios en tres niveles: Certificado básico (A1–A2),Certificado Superior (B1–B2) y Diploma de Español de los negocios (C1–C2), lo que es un signo evidente de la demanda de enseñanza que existía ya entonces.

2.2.2. LENGUA PARA FINES ESPECÍFICOS

El debate entre lenguaje de especialidad y la lengua común se estableció desde muy pronto. Encontrar los límites no es tarea fácil, si es que pueden encontrarse. ¿Dónde empieza un lenguaje y termina el otro? ¿Dónde convergen? ¿Qué aspectos son únicos de la lengua especial? ¿Qué la separa de la lengua común o general?

La historia contempla procesos, y también aquí hay una historia, un origen y un desarrollo. Para entender todo un poco mejor creemos necesario remontarnos a los orígenes, en los años 70, y ver lo que se consideraba común a los dos lenguajes y lo que se consideraba diferente. Carmen Izquierdo (2008:15) lo recoge y esquematiza de forma muy clara para observar distintas perspectivas desde las que se abordaba el problema:

a) La posición de los que concebían los lenguajes especializados como códigos de carácter lingüístico que se diferenciaban de la lengua general por poseer reglas y unidades específicas. Entre este grupo se encontraba Hoffmann (1979), que dejaba poco claros los límites entre el lenguaje general y la especificidad de esos *códigos* de carácter lingüístico. Las únicas pistas que nos daban estos autores era la necesidad de recurrir a los elementos extralingüísticos y comunicativos para determinar la especificidad de cada caso. Por otra parte, los diferentes lenguajes de especialidad presentan unas características comunes entre ellos que les otorgaría cierta unidad.

b) Otra de las posiciones, de lingüistas que procedían de la lingüística teórica o descriptiva (Rey 1976; Quemada 1978; Rondeau 1983), mostraba que el lenguaje de especialidad era una simple variante del lenguaje general; es más, los lenguajes de especialidad sólo serían un conjunto de acumulaciones léxicas más frecuentes que las que se suelen dar en la lengua general. Así pues, según este grupo, el lenguaje de la economía y el lenguaje de la química serían tan diferentes entre sí como lo son el lenguaje de los comentaristas deportivos o el de los delincuentes.

c) Varantola (1986), en líneas generales, consideraba los lenguajes especializados como subconjuntos, preferentemente de carácter pragmático, del lenguaje entendido en sentido global. O sea, las lenguas de especialidad no se pueden explicar en términos estrictamente lingüísticos, sino que sólo puede alcanzarse a través del potencial comunicativo de los lenguajes específicos.

2.2.2.1. Problemas en la enseñanza y evaluación de la lengua para fines específicos

La enseñanza de los fines específicos y su evaluación han sido consideradas, hasta ahora, una parte separada de la enseñanza de la lengua en general. Esto ha planteado siempre el problema de la especificidad.

Lo primero que debemos plantearnos, por tanto, es dónde está la línea que separa un curso general de uno específico, cuál es el grado de especificidad y qué características ha de tener la didáctica de su enseñanza, es decir cómo se enseñan.

El Instituto Cervantes, por ejemplo, establece una división de estas enseñanzas en dos grandes grupos:

1. El *español con fines profesionales* (EFP)
2. El *Español con fines académicos* (EFA)

La argumentación que aporta para establecer esta división se debe a dos factores: el afianzamiento económico desarrollado por España y algunos países de América Latina en los mercados internacionales durante las dos últimas décadas, y la demanda ejercida por las universidades españolas para la realización de los programas Erasmus y Sócrates desde el ingreso de España en la Comunidad Económica Europea.

En cuanto a la enseñanza de fines específicos, el Instituto Cervantes explica lo siguiente:

La enseñanza de la lengua con propósitos específicos es, por lo tanto, una enseñanza dirigida a potenciar una habilidad concreta, la que solicita el aprendiente: la comprensión lectora de textos técnicos, la capacidad para mantener conversaciones con fines comerciales, la comprensión y expresión orales en usos académicos, etc. El programa de un curso de español para fines específicos se establece así en función del perfil y las expectativas o beneficios que los estudiantes esperan conseguir con este aprendizaje y es concebido como una inmersión en situaciones comunicativas especializadas. Un análisis de necesidades previo garantiza una adecuada respuesta a estas expectativas.

Las situaciones de aprendizaje de la lengua para finalidades específicas pueden resumirse en dos tipos: las que se llevan a cabo en contextos institucionales y las que tienen lugar en contextos no institucionales para conseguir alguna mejora en la profesión. En el primer caso, los ámbitos de aprendizaje considerados están más estandarizados y se relacionan con la clasificación habitual entre ciencias sociales y humanas (economía, comercio, derecho, turismo, etc.), y ciencias experimentales (medicina, ciencias ambientales, etc.); la estandarización de estos cursos ha favorecido el desarrollo de un sistema de acreditación oficial de estas enseñanzas: pueden obtenerse certificados de español con fines profesionales en diversos ámbitos (*Español de los negocios, Español del turismo, Español de las ciencias de la salud ; Diploma de Español de los negocios*). En cuanto a las situaciones de aprendizaje no institucionales, el tipo de programa que se propone es tan variable como las necesidades profesionales: *Curso sobre interacción médico-paciente; Curso sobre divulgación científica a niños; Curso de venta en español a través de Internet*, etc.

Al ser la competencia comunicativa el objetivo de aprendizaje, el estudio de la lengua para fines específicos se plantea a partir de los géneros discursivos (orales o escritos) propios de cada campo profesional o académico abordado; el trabajo con textos auténticos facilita el conocimiento de los usos lingüísticos reales que caracterizan cada situación de comunicación especializada. La descripción global (función comunicativa, relación entre los interlocutores, partes del discurso, etc.) y local (sintaxis, morfología, fraseología, terminología, etc.) del uso de la lengua se enmarca en cada clase de texto particular (informe económico, negociación comercial, entrevista laboral, currículum vitae, monografía académica, etc.). Se considera además objeto de aprendizaje la «cultura profesional» a la que pertenece la lengua de estudio. Cuestiones como el comportamiento y la actitud de los profesionales ante diversas situaciones cotidianas (saludos, invitaciones, desacuerdos, turnos de habla en una negociación, código gestual, etc.) se aprenden en cada contexto de especialidad, con unas normas de interacción y mediación propias. Las metodologías didácticas más eficaces para la realización de estos cursos suelen basarse en el enfoque por tareas y en la simulación. En ambos casos se garantiza la participación activa del aprendiente en la resolución de problemas profesionales o académicos reales.

Sin embargo, estamos lejos de afirmar que la anterior sea la única calificación posible y muy lejos afirmar que los fines específicos puedan delimitarse así porque, por ejemplo, ¿dónde acaba el español de los negocios? ¿Cuál es la línea que divide a unos de otros? Español de los negocios, francés del turismo, alemán de las ciencias de la salud (medicina), español jurídico, italiano de la ciencia y tecnología, francés para diplomáticos, español académico, alemán de la arquitectura, etc. ¿Por qué se denominan así? ¿Se clasifican así porque se refieren a la lengua que se emplea en esas situaciones?

Si a todo esto hay que buscarle un punto en común, debería girar en torno al papel fundamental que desempeña el léxico, porque el léxico técnico es la principal característica del lenguaje especializado. Creemos necesario puntualizar, en este momento en el que señalamos el léxico como principal elemento diferenciador, que no podemos dejar al margen el hecho de que, lo queramos o no, nos guste o no, el inglés tiene una gran influencia en el mundo de los negocios y encontramos muchos casos en los que el uso de la palabra en español, es más un "desuso", y que incluso podría provocar interferencias en la comunicación. Es el caso de la palabra *marketing*, anglicismo evidente; si quisiéramos emplear en el mismo contexto la palabra correspondiente en español, tendríamos que utilizar el término *mercadotecnia*, que apenas se usa y que podría incluso llegar a confundir al interlocutor.

Por otra parte, y sin dejar de tener en cuenta que el léxico es la parte diferenciadora del lenguaje para fines específicos, no podemos olvidar otros aspectos pragmáticos, sintácticos, morfológicos, etc. que pueden afectar también a este tipo de lenguaje.

Gómez de Enterría (2001: 8) agrupaba los dos conceptos, léxico junto a marcas discursivas, como el conjunto de rasgos lingüísticos que diferencian las lenguas de especialidad de la lengua común. El vocabulario de una lengua de especialidad viene definido por la precisión y la univocidad. Gómez de Enterría señala (2001:9) también lo siguiente:

> Cada término posee un único significado y solo adquiere un valor dentro del sistema, es decir, solo tiene sentido para un número restringido de usuarios que son los especialistas conocedores del sistema.

Respecto a los rasgos lingüísticos que caracterizan a los textos especializados destacan los que mostramos a continuación:

- Frecuentes nominalizaciones en el interior de la estructura sintáctica.
- Predominio de la adjetivación especificativa, la utilización frecuente de los verbos en presente con valor atemporal.
- Numerosas construcciones sintácticas impersonales.
- Empleo de la voz pasiva.
- Empleo del verbo *ser* con valor identificador o identificativo.
- Las implicaturas no convencionales, etc.

Lenguaje especializado + lenguaje funcional sería el binomio ideal para hablar de fines específicos.

En cuanto a la **evaluación** y, más concretamente, en la certificación de exámenes, tenemos que unir estas ideas con el concepto de validez, es decir, si el examen mide lo que queremos medir. Así, los exámenes destinados al mercado laboral en empresas deberán contar con contenidos y tareas que permitan medir la capacidad del alumno en esos contextos. Pero está claro que, en muchos casos, entre todos ellos, hay elementos comunes.

Nos centraremos en la certificación en el mundo profesional de los negocios, por tanto, creemos necesario empezar a delimitar todas estas cuestiones y empezar por definir la lengua especializada de los negocios, esa lengua del mundo profesional. Como lengua especializada, el lenguaje utilizado en el mundo laboral, en el ámbito bancario, en la publicidad y franquicias, en el turismo, etc., presenta según, Cabré (1993:143) características comunes:

1. Carácter mono funcional. Esto es, marco específico+propósitos concretos.
2. Número restringido de usuarios. No todos los hablantes pueden entenderlo ni utilizarlo.
3. Adquisición voluntaria. El usuario utiliza este código para desarrollar una actividad cotidiana que necesita resolver, pero en un ámbito diferente al general.
4. Autonomía con respecto al lenguaje general. Se producen transformaciones que no necesariamente afectan al lenguaje general, por ejemplo, en el mundo laboral o tecnológico se producen muchos cambios que se dan en la realidad, pero que no afectan al lenguaje general.

Así pues, parece claro que el principal problema es acotar los fines específicos, establecer unos límites nítidos para separar unos de otros y, a su vez, separar a estos del español general.

En cuanto a la problemática en la certificación lingüística, encontramos también la dificultad de delimitar contextos para determinar qué habilidad o habilidades lingüísticas queremos evaluar en los candidatos, es decir, qué deben demostrar cuando hacen un examen de fines específicos.

Habría que plantearse algunas cuestiones que nos parecen pertinentes para este problema y que hemos ido recogiendo de las lecturas recopiladas sobre el tema, por ejemplo, ¿con qué criterio se identifican y describen las situaciones en los contextos específicos? ¿Son las mismas para todos los candidatos que pertenecen a una comunidad profesional? ¿En qué medida influye el conocimiento de su área en las pruebas de examen? ¿Se tiene en cuenta este conocimiento? ¿Cómo se puede calcular el grado de conocimiento de una especialidad?

A estas preguntas sobre los exámenes y los candidatos, debemos sumar las que también hemos recogido sobre los redactores y examinadores de pruebas: ¿deben estos tener conocimientos del área de especialidad? ¿Tienen que tener una capacitación especial?

Todas estas preguntas han originado conflictos que han desembocado en controversias donde se enfrentan detractores (Douglas, 2000), y defensores de la necesidad de exámenes certificativos para fines específicos (Mcnamara, 1996, 1997; Douglas, 2000, 2001b; O´Sullivan, 2005, 2006, entre otros).

Así, Douglas, (2000) afirma que, independientemente del hecho de que todos los exámenes se desarrollan y realizan con una finalidad, en el caso de la evaluación de fines específicos, ésta tiene que concebirse en el marco continuo de especificidad. Argumenta que los contextos de uso de la lengua son variables y la lengua que se emplea en situaciones profesionales y académicas tiene, por tanto, rasgos específicos. Para Douglas, el material del examen debe involucrar a los candidatos en tareas que les obliguen a demostrar su habilidad lingüística comunicativa, pero también los conocimientos en el área de especialidad que le permitirán expresarse con **precisión**, es decir, las tareas deben ser lo más auténticas posibles para que el examen sea específico.

Douglas argumenta que el constructo de un examen con fines específicos se define partiendo de lo que él llama *habilidad comunicativa específica* y que consta de: conocimiento lingüístico, competencia estratégica y conocimiento previo del área de especialidad. Según esto, se establece una relación de proporcionalidad, a más detalles, más especificidad.

Posteriormente, y siguiendo con la misma idea de conocimiento lingüístico + conocimiento de especialidad, el autor (2000b) pone de relieve otras cuestiones que tenemos que abordar porque nos parecen fundamentales a la hora de hablar de certificación lingüística en fines específicos. Douglas señala que la evaluación de lenguas en este ámbito requiere la autenticidad, la especificidad y la inseparabilidad entre los dos tipos de conocimiento: el lingüístico y el de especialidad, lo cual, nos lleva a enlazar con el escollo de que conocer un área específica requiere un nivel umbral de dominio de la lengua meta. Es por esto por lo que en algunos exámenes se aconseja que el candidato tenga conocimientos previos de la lengua.

La publicación de ALTE en el año 2017 de las *Guidelines for the development of Language for specific purposes tests* ayudó a delimitar todas estas cuestiones. Así, este documento establece una división entre "narrow test" y "broad test". Los "broad test" son exámenes de fines específicos generales, esto es, exámenes que se refieren a los negocios o fines académicos. Para este tipo de exámenes no es necesario incluir en el desarrollo de los mismos a expertos, construcción, medición y revisión del examen, aunque siempre resulta muy importante consultar con los *stakeholders* y los usuarios finales del examen. Puede ser un ejemplo el examen *Occupational English test (OET) que se hace en Australia.*

Sin embargo, una definición más específica acotaría las pruebas de fines específicos a aquellos que se centran en un campo específico, los denominados *"narrow tests"*, por ejemplo, Derecho, Finanzas, Medicina y Aviación. Para estas pruebas específicas sería importante involucrar a expertos en contenido en cada etapa del proceso de desarrollo y construcción, y posiblemente también en la calificación. Sin embargo, no debemos olvidar que estas pruebas de fines específicos siguen siendo pruebas de lengua y que los profesionales de pruebas de idiomas seguirían siendo el elemento fundamental en el proceso de desarrollo y construcción. Un ejemplo de este tipo de exámenes sería el *Canadian English Language Benchmarks for nurses (CELBAN):*

Es aquí donde la línea de investigación ha dado más frutos, especialmente en la idea de averiguar en qué medida un candidato puede producir en la lengua meta dependiendo de sus conocimientos en el área en que se mueve.

Carolin Clapham (1996) recoge las siguientes conclusiones:

- Los alumnos alcanzan resultados considerablemente más altos en las pruebas de comprensión de lectura cuando procesan textos de su propia especialidad. Por consiguiente, los resultados dependen de la especificidad.
- Es posible identificar algunos de los rasgos de esta especificidad, pero no siempre y no todos. Es la función retórica, fundamentalmente, el factor determinante de este grado de especificidad y no la fuente de los textos.

- El grado de conocimientos en área de especialidad es directamente proporcional a la calidad de los resultados. No basta con la familiaridad con el tema ni con el campo.
- La efectividad del conocimiento previo en el área de especialidad sólo es posible a partir de un determinado grado de dominio (intermedio) en la lengua objeto. En la misma línea, un alto de grado de dominio y una simple familiaridad con el tema no dan lugar a altas calificaciones.

Llorián (2012: 15) señala que la coherencia de una evaluación de estas características deja cabida únicamente a un enfoque basado en tareas. Este modelo surge, según Mislevy (2002), porque basar la evaluación en aspectos discretos de la gramática y el léxico no es suficiente para evaluar la habilidad del candidato en situaciones sociales de comunicación.

Los candidatos de estos exámenes no solo deben responder a tareas basadas en la descripción de situaciones comunicativas en contextos de fines específicos, también deben producir textos orales y escritos válidos para ser evaluados.

Messick (1994) afirma que el punto de partida puede encontrarse en la identificación de los componentes del constructo susceptibles de ser evaluados, a la que sigue la búsqueda de tareas o situaciones en las que se elicite el comportamiento o actuación con el que estos componentes queden evidenciados, además de los criterios con los cuales éstos se van a medir.

Douglas (2000), partiendo de la propuesta de Bachman (1990), que fue matizada más tarde en Bachman y Palmer (1996, 2010), propone un marco de análisis y elaboración de tareas de examen.

En este marco, los componentes del modelo serían las instrucciones, el material de entrada (*input*), la respuesta esperada, la interacción entre el material de entrada y la respuesta esperada y, por último, los criterios de calificación.

Para ello, debe seguirse, como en otras muchas pruebas, un proceso de desarrollo de tareas de examen que empieza con la descripción de la situación meta de uso de la lengua, sigue con la redacción de pruebas y pasa por las especificaciones de examen.

El acercamiento a las tareas de la *vida real* requiere realizar estudios con base etnográfica, para lo cual plantea una serie de técnicas que permiten el análisis de la interacción de los participantes en las situaciones de comunicación y los factores que la caracterizan. Este tipo de investigación se ve en numerosos casos interferida por restricciones económicas y de tiempo y, sobre todo, por la confidencialidad exigida por la mayor parte de las organizaciones para acceder a información *sensible* (McNamara, 1997). La labor de redacción de pruebas de examen requiere la ayuda de un profesional del área de especialidad.

La noción de especificidad adquiere en el planteamiento de O`Sullivan (2005, 2006) un carácter multidimensional. La autenticidad será, en este modelo, una de las dimensiones de la especificidad. Este autor plantea el problema en relación con la idea de la validez, basándose en el modelo propuesto por Weir (2004). Este propone un marco de validación de pruebas de examen, que se concibe como una recogida sistemática de datos, es decir, de evidencias, y que conduce a la interpretación adecuada de los resultados y a su justificación para los usos que se pretenden hacer de ellos. El equipo involucrado en el desarrollo y validación de los exámenes tiene que tener en cuenta las preguntas siguientes:

- ¿Cómo satisface esta prueba las características físicas/fisiológicas, psicológicas y de experiencia de los candidatos? (Características del candidato).
- ¿Son las características de la tarea o tareas de la prueba y de la administración justas para los candidatos que se presentan a ella? (Validez de contexto).
- ¿Son apropiados los procesos cognoscitivos necesarios para realizar las tareas? (Validez basada en la teoría).
- ¿Hasta qué punto nos podemos fiar de los resultados de la prueba? (Validez de la calificación).
- ¿Qué efectos tiene la prueba sobre sus diversos partícipes? (Validez consecuencial).
- ¿Qué pruebas externas existen, al margen de las propias puntuaciones del examen, de que la evaluación está funcionando correctamente? (Validez relacionada con el criterio).

Por tanto, podemos concluir que, para los exámenes de fines específicos, la autenticidad impera a la hora de elaborar las tareas de los exámenes, porque en ella va la especificidad de los mismos y a su vez, nos ayudará a conseguir la validez que necesitamos para lograr un buen examen y que los criterios para elaborar estos exámenes se corresponden con las características de la actuación de los candidatos en las situaciones del ámbito en el que se desenvuelve.

2.3. PANORAMA DE LA CERTIFICACIÓN DE FINES ESPECÍFICOS DE LENGUAS EUROPEAS

Si bien no se puede comparar el número de exámenes de grado de dominio general de una lengua que se hacen en el mundo, sí es cierto que las cifras muestran que el número de candidatos es creciente.

Parece que, además de ese conocimiento general, un conocimiento más preciso, más extenso, más especializado, cabe perfectamente en la situación económica y laboral actual.

No hay ninguna duda de que, dada la inmensa competitividad en la que se mueve el mercado laboral, con una lucha encarnizada por cada puesto de trabajo, el conocimiento de lenguas en el ámbito profesional no es ya solo necesario por la propia esencia del trabajo que se va a desempeñar, sino por la necesidad de distinguirse, de sobresalir en un mercado saturado de profesionales y en el que empresas e instituciones deben seleccionar candidatos y, para ello, deben tener argumentos sólidos en los que apoyarse. Es decir, conocimiento y acreditación.

Todo esto que se ve de manera ventajosa y casi como una necesidad, choca con un muro en muchos casos imposible de derribar: el económico. Las instituciones se plantean la rentabilidad del examen para llevarlo a cabo o continuar con él. Los procesos de evaluación que deben seguir los exámenes que cumplen con los requisitos de calidad tienen costes altos, puesto que implican un gran número de personas trabajando en ellos (creadores, psicómetras, calificadores, expertos en evaluación, informáticos, etc.) que les permiten seguir con las buenas prácticas y los estándares que las asociaciones de evaluación (ALTE; SICELE; EALTA o ILTA) marcan como camino a seguir, por lo tanto, se convierte en todos esos casos en una actividad empresarial.

Hyland y Hamp-Lyons (2002) y Hyland (2006) señalan dos factores que han convertido la enseñanza del inglés con fines académicos en una industria de un volumen de facturación más que relevante en los países de habla inglesa: por un lado, la afluencia masiva y creciente de alumnos a las universidades de los países anglosajones; por otro lado, la instauración del inglés como lengua de acceso al conocimiento académico o como vehículo para la construcción de este conocimiento.

Por ejemplo, para el español, algunos estudios que se hicieron en la Unión Europea a finales de los años noventa, que aparecen dentro del proyecto ENLU (European Network for the Promotion of Language Learning among all Undergraduates) señalan que el español es la cuarta lengua utilizada en las pequeñas y medianas empresas del territorio europeo como vehículo de comunicación (entre el 17 % y el 38 %), detrás del alemán, el francés y el inglés, que alcanza cotas situadas entre el 77 % y el 90 %. Queda clara, una vez más, la hegemonía del inglés en el ámbito empresarial sobre todas las lenguas.

Otros datos que nos interesa tener en cuenta es que, dentro de Unión Europea, es existen convenios de cooperación interuniversitaria, que hay muchos estudiantes que se decantan por estudiar en las universidades de otros continentes. Todos ellos necesitan un grado de dominio de lengua extranjera para acceder a los programas de estudios y poder conseguir un valor añadido a su currículo con el estudio de la lengua.

Diferentes instituciones públicas requieren certificaciones de la lengua del país donde se va a estudiar, pero siempre se trata de un diploma o examen general, pero no de fines específicos, aunque un examen de este ámbito sí esté reconocido como examen de acceso a escuelas o universidades.

2.3.1. LA CERTIFICACIÓN LINGÜÍSTICA EN EL ÁMBITO PROFESIONAL

Las estadísticas muestran que el inglés es la lengua extranjera más estudiada en Europa con gran diferencia respecto a las otras, seguida del francés, alemán, español, ruso e italiano en orden descendente en número de alumnos (CVC. Anuario 2021. Informe 2021. El español como lengua extranjera. (https://cvc.cervantes.es)) Por ello, con el fin de acotar nuestro campo de investigación, nos centraremos en el análisis de exámenes existentes de certificación lingüística de negocios de estas lenguas y analizaremos los exámenes para el inglés, el español, el alemán y el francés, dejando el italiano al margen porque no ofrece ninguno para certificar la lengua en este ámbito y el ruso por no ser una lengua que se escribe con caracteres latinos. Como apuntábamos anteriormente, el mayor número de certificaciones de negocios lo encontramos para el inglés, pero contamos con algunos modelos de las otras lenguas que podemos señalar, y que recogemos en el cuadro que mostramos a continuación.

Tabla 2.1 Exámenes europeos de certificación lingüística de ámbito profesional

LENGUA	EXÁMENES	ORGANISMOS/ INSTITUCIONES
Inglés	Business Preliminary (BEC) Business Vantage (BEC) Business Higher (BEC) Cambridge English Financial (ICFE), Linguaskill Business	Cambridge English
Francés	Diplômes de Français professionnel (DFP) TFI-Test de français international	Cámara de Comercio en París (CCI Paris Ile-de-France) ETS-Escuelas Técnica Superiores
Alemán	Goethe-Test PRO Deustch Beruf	Goethe Institut Telc
Español	LC USAL esPro Test Elyte (Test de evaluación lingüística y de técnicas empresariales) Examen de español de los negocios de la Cámara Oficial de Comercio, Industria y Servicios de Madrid DIE (Diploma Internacional de español /negocios)	Universidad de Salamanca Cámara Oficial de Comercio de España en Francia, COCEF Cámara Oficial de Comercio, Industria y Servicios de Madrid FIDESCU (Fundación para la Investigación y desarrollo de la Cultura española)

Como vemos, a pesar de que en alguna de las lenguas existe más de un examen, nuestro objeto de análisis será, principalmente, un examen adaptativo que existe en tres de las lenguas (inglés, español y alemán) y que tuvo un origen común, el examen adaptativo BULATS, (Business Language Testing Service) para el español creado por Cursos Internacionales de la Universidad de Salamanca dentro del consorcio formado por CELA (Cambridge Examinations Language Assessment) para el inglés, por el Goethe Institute para el alemán y por la Alianza Francesa para el francés.

Este examen se definía como "La herramienta de evaluación comparativa global para medir el nivel de aptitud lingüística en el lugar de trabajo".

El examen estándar se lanzó en 1997 en algunos países y fue creciendo en importancia poco a poco a medida que la red de agentes se iba extendiendo por todo el mundo. Las pruebas de Expresión oral y Expresión escrita se lanzaron en 1998 y el Examen por ordenador se creó en el año 2000. Pero el gran producto, el examen BULATS *online*, no llegó hasta el año 2008, lo que supuso la verdadera innovación en el mundo de la certificación: un examen adaptativo *online*, que abarcaba todos los niveles del MCER, con todas las garantías de calidad y de fácil administración. El candidato que decidía hacer BULATS no se presentaba a un examen de dominio para alcanzar un determinado nivel, sino que hacía un examen que le proporcionaba el nivel cuando iba resolviendo las tareas, por eso BULATS abarcaba los niveles del MCER, porque el candidato empezaba haciendo tareas del nivel A1–A2 y terminaba haciendo tareas del nivel C1–C2.

En el año 2016 el consorcio se disolvió y cada institución decidió seguir su camino y reconvertir el examen BULATS de cada lengua en un examen propio.

Así, la herencia de BULATS se convirtió en estos exámenes

- Español: LanguageCert USAL esPro
- Alemán: EsPro Test
- Inglés: Linguaskill Business

En el caso de la lengua francesa. La alianza francesa decidió no seguir con su examen.

A continuación, veremos con detenimiento cada uno de ellos y para el francés nos fijaremos en examen de la Cámara de Comercio en París de negocios del nivel B2. La elección de este examen ha venido determinada porque es el que más se realiza en Francia para certificar el dominio de la lengua francesa en este ámbito y cuenta con la garantía de estar presente como *Full member* en ALTE y contar con el sello de calidad otorgado después de pasar la rigurosa auditoría de la asociación.

2.3.1.1. LC USAL esPro

El examen LC USAL esPro es una certificación del español para el mundo del trabajo. Como mencionamos antes, tuvo su origen en el examen

BULATS. En el año 2017, la Universidad de Salamanca y su socio tecnológico Peoplecert se unieron para seguir ofreciendo el mismo examen, pero con un nombre diferente: LC USAL esPro. Peoplecert proporciona desde entonces la plataforma *Passport* para que los exámenes puedan ser administrados en todo el mundo. Esta plataforma también contiene todo lo relativo a la calificación y emisión de resultados.

Para el examen adaptativo de Comprensión auditiva y de lectura y el examen de Expresión e interacción escritas se utiliza un software que ha creado PeopleCert que evita cualquier mala praxis. Este software comprueba el Sistema operativo y su versión, la resolución del navegador, la conectividad por internet (incluyendo velocidad). También "bloquea" el ordenador para asegurar que el candidato no puede realizar ninguna acción que afecte negativamente a la integridad del examen. Por ejemplo, Cierra completamente los navegadores y aplicaciones no autorizados por el sistema. Se utiliza un log de las aplicaciones que han sido bloqueadas. Además, limita el acceso al teclado, deshabilitando la función de teclas específicas y combinaciones de teclas para evitar copiar, capturar o imprimir. Estas funciones incluyen

- Esconder la barra de tareas, el escritorio, menú e íconos
- Evitar minimizar ventanas
- Evitar el uso de aplicaciones no autorizadas
- Cierre de softwares de comunicación
- Evitar que se realicen exámenes de forma simultánea.

Aunque el examen USAL esPro es un examen orientado al mundo profesional, no es necesario tener conocimiento especializado del mundo del trabajo o de los negocios. Se trata de que el candidato pueda trasladar a otra lengua todo lo que sabe, pero siempre dentro del contexto del mundo laboral.

1. Descripción.

Las pruebas de esPro abarcan las 4 destrezas:

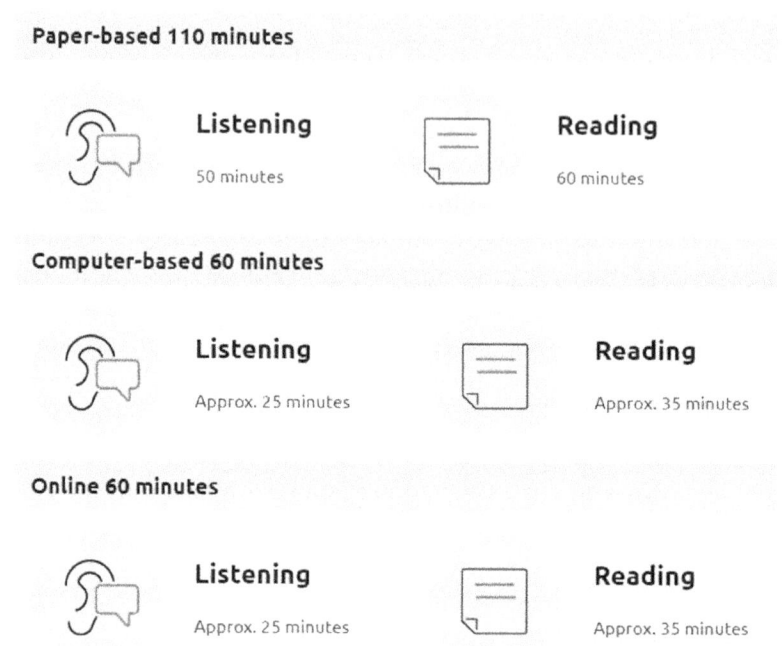

Fig. 31 Estructura del examen USAL esPro

a) Test de Comprensión Auditiva y de lectura (60 minutos aproximadamente).

Evalúa la capacidad de comprensión de lectura y auditiva del candidato a través de tareas que pueden formar parte un examen adaptativo, esto es tareas de opción múltiple en las que el candidato leerá un texto o escuchará una audición y luego responderá a las preguntas que se formulen y en las que cada pregunta tiene tres o cuatro opciones, pero sólo una es correcta. También deberá resolver *Clozes* en los que deberá rellenar un texto con espacios en blanco en los que faltan una o más palabras o números.

a) Expresión e interacción escritas (45 minutos).

Este test puede realizarse de forma presencial en un centro de examen o con vigilancia remota. No hay un tiempo determinado para realizar cada tarea, sino que el candidato se distribuye el tiempo total.

Consta de dos tareas:

1ª parte: Mensaje/fax/carta/correo electrónico breve (50 o 60 palabras)
2ª parte: Informe o carta (180–200 palabras) (30 minutos)

Las pruebas de EIE las califican dos expertos y acreditados calificadores de Cursos Internacionales de la Universidad de Salamanca. Todo el proceso está monitorizado por el *chief examiner* para que, en caso de discrepancia, se revisen las pruebas y haya una tercera calificación.

b) Expresión e interacción orales (**15 minutos**)

Este test sol puede realizarse de forma presencial en un centro de examen, aunque el interlocutor, que es quien conduce la prueba, puede estar en el centro de examen o conducir la prueba a través de Skype. Los interlocutores se acreditan realizando una formación online que dirige el *chief examiner* de Cursos Internacionales de la Universidad de Salamanca. esta formación dura una semana y permite que los centros de examen acreditados puedan realizar sus pruebas orales sin necesitar interlocutores online. La prueba consta de tres partes:

1ª parte Entrevista (Aproximadamente 4 minutos).
2ª parte Presentación aproximadamente (4 minutos).
3ª parte Debate e intercambio de información (4 minutos).

Todas las pruebas orales se graban y se suben a la plataforma *Passport* para que los expertos calificadores de Cursos internacionales puedan asignar las calificaciones en la misma y el candidato reciba sus resultados en un plazo máximo de 10 días. Los calificadores expertos son también los encargados de calificar las pruebas de expresión e interacción escritas siguiendo el mismo proceso que para las orales. Todo el proceso está monitorizado por el *chief examiner* para que, en caso de discrepancia, se revisen las pruebas y haya una tercera calificación. Este test puede realizarse de forma presencial en un centro de examen o con vigilancia remota. Una de las características que le diferencia de otras certificaciones con vigilancia remota es que esta vigilancia se hace en vivo en tiempo real, es decir, el candidato tiene un vigilante real mientras realiza el examen. Además, el candidato tiene a su disposición un chat para comunicarse con el vigilante en caso de que sea necesario. Los vigilantes pasan por un proceso de selección. Después tienen un periodo de formación y son monitorizados y auditados por el equipo de calidad de PeopleCert. Además, una ventaja adicional es que el examen se grabe de principio, lo cual permite repasar la grabación si fuera necesario en caso de, por ejemplo, mala praxis o sospecha de la misma. El software que se utiliza está diseñado para permitir que el "proctor" supervise de cerca la actividad de los candidatos, y para que el candidato y El vigilante se comuniquen entre sí a través de una ventana de chat y un audio. Con este sistema de vigilancia, se puede detectar, por ejemplo, la inclinación de cabeza del candidato (por ejemplo, movimiento irregular y/o antinatural de la cabeza) o detectar una voz diferente a la del candidato. Cuando el software de monitoreo detecta anomalías, el vigilante recibe una alerta y sigue el protocolo descrito para cada tipo de incidente. Por ejemplo, el vigilante puede dar una advertencia al candidato a través de un mensaje emergente y, llegado el caso, terminar el examen, con la autorización del jefe de equipo de vigilantes. Este examen tiene la misma validez, los mismos resultados que el examen presencial.

Resultados

Los candidatos reciben un Informe de Resultados de la prueba en el que se les proporciona información sobre su nivel de dominio lingüístico basados en una escala de 0 a 100 y el nivel del MCER correspondiente a esa puntuación. De esta manera, el candidato puede saber si se ha aproximado al nivel siguiente o, por el contrario, ha llegado al nivel con la mínima puntación requerida. En el reverso del informe se encuentran resumidas las descripciones de capacidad lingüística (*Can do statements*) con descripciones claras y prácticas del significado de los resultados para poder saber qué es lo que un candidato puede/sabe hacer en cada nivel. El certificado en papel o digital que recibe recoge el nivel en la destreza evaluada. Además, recibe unas insignias digitales que le permiten al candidato incluirlas en su curriculum vitae, por ejemplo. Por último, los candidatos reciben un código de verificación online para que pueda constatarse el nivel alcanzado y la autenticidad del certificado. Este examen no tiene caducidad.

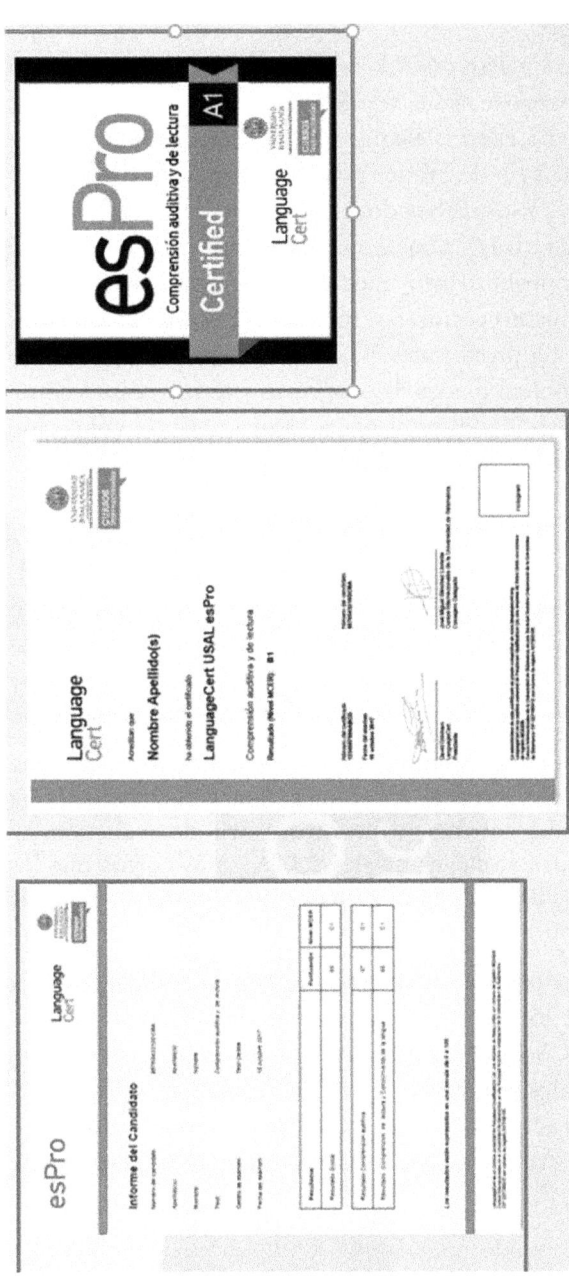

Fig. 32 Resultados Examen USAL esPro

2.3.1.2. *DIPLÔMES DE FRANÇAIS PROFESSIONNEL (DFP)*

La Cámara de Comercio en París (CCI Paris Ile-de-France) es una de las 122 Cámaras de Comercio e Industria de Francia. Es una institución pública dirigida por 92 empresarios elegidos. Están presentes en toda la región parisina, la CCI París Île-de-France pone sus servicios a disposición de las empresas, los jóvenes y los trabajadores, así como de las colectividades locales. Apoya sus iniciativas y pone a su disposición sus recursos y su experiencia. Basan su compromiso apoyando a las empresas y negocios en su desarrollo y funcionamiento cotidiano, formando a los jóvenes y a los trabajadores en las diferentes profesiones. También promueven el atractivo de la región a través de sus actividades de congresos y ferias y representan a las empresas ante las autoridades públicas para promover la aplicación de medidas que favorezcan su desarrollo.

Descripción

Aunque este examen puede realizarse para obtener los niveles A1–C1, vamos a centrarnos en el examen del nivel B2 por ser el que más se realiza para acreditar, en general, los fines específicos. El examen abarca las cuatro destrezas y consta de dos pruebas: una primera parte en soporte informático, seguida de una prueba oral ante un tribunal con examinador.

a) Parte de Lectura, comprensión auditiva y Expresión escrita tiene una duración de dos horas y la parte de Comprensión auditiva y Expresión oral dura 30 minutos. La duración del examen varía dependiendo del nivel elegido, siendo los exámenes niveles A1–A2 más cortos que los exámenes de los niveles B1, B2 y C1. Es un examen que debe realizarse en un centro de examen.

La información obtenida sobre este examen señala que el candidato deberá ser capaz de comprender los detalles importantes de la mayoría de los documentos profesionales. Será capaz de extraer la información pertinente de documentos profesionales (informes, instrucciones, notas, correos electrónicos, cartas, etc.) para actuar con eficacia. Podrá comprender discursos o interacciones largos y estructurados y tomar notas para redactar actas, resúmenes, informes, etc.

DIPLÔMES DE FRANÇAIS PROFESSIONNEL (DFP) para el nivel B2

Comprendre et traiter l'information		Durée	
Traiter l'information écrite	1 : Rédiger une note / un rapport répondant à une problématique identifiée à partir d'un dossier documentaire (+/- 220 mots)	45 minutes	
Traiter l'information orale	2 : Rédiger un compte-rendu d'une intervention orale (+/- 150 mots)	45 minutes	2 heures
Interagir à l'écrit	3 : Rédiger le courriel de réponse à une réclamation en tenant compte des instructions de son responsable (+/- 130 mots)	30 minutes	

Interagir à l'oral		Durée	
Activité 1	Argumenter / défendre des options dans une négociation	Préparation : 15 minutes	Passation : 10 minutes
Activité 2	Présenter le bilan d'une activité sur une période de temps donnée		Passation : 5 minutes

Fig. 33 Descripción de las pruebas del examen Diplômes de Français professionnel

c) Prueba de Interacción oral, el candidato debe ser capaz de presentar información estructurada y argumentos pertinentes para convencer a su interlocutor. Puede reaccionar ante los argumentos de otras personas y defender un punto de vista en situaciones formales de presentación o interacción (reuniones, mesas redondas, negociaciones, etc.).

Todas las actividades propuestas en los Diplômes de français professionnel Affaires se presentan en forma de una situación y una tarea a realizar. Un ejemplo de situación es, por ejemplo, la presentación de la empresa, su función y del contexto de la tarea a realizar.

Resultados

El candidato recibe un diploma que obtiene si ha superado al menos el 50 % de los puntos en las actividades de cada parte del examen y una media de al menos el 60 % de los puntos en el conjunto de las actividades. Si quiere recibir el certificado con mención, debe obtener al menos un 80 % de la puntuación global. Los criterios de corrección se centran en la realización de la tarea y en el dominio de las habilidades lingüísticas (https://www.lefran caisdesaffaires.fr/tests-diplomes/diplomes-francais-professionnel-dfp/).

Fig. 34 Modelo de certificado Diplômes de Français professionnel

2.3.1.3. *GOETHE-TEST PRO*

Cuando se disolvió el consorcio que creaba el examen BULATS, el Goethe Institut decidió continuar con el examen adaptativo de alemán para certificar la Comprensión auditiva y de lectura y lo llamó Goethe Pro test. Es un examen dedicado también a certificar el alemán en el mundo profesional. Todos los candidatos empiezan el examen con una tarea del mismo nivel y, dependiendo de sus respuestas, acceden a otra de mayor o menos dificultad. Para hacer el examen, los candidatos tienen que acudir a un centro de examen del Goethe Institut, a un centro autorizado o a un centro o institución que tenga firmado un acuerdo con el Goethe Institut.

Descripción.

Es un examen adaptativo que se adapta al nivel de conocimientos de cada participante y, por eso, la duración del examen puede diferir del tiempo indicado anteriormente.

a) Comprensión auditiva y de lectura

Dura aproximadamente de 60 a 90 minutos debido a la naturaleza adaptativa del examen. Consta de dos partes, la parte de Comprensión auditiva y la de lectura, en la que se incluyen gramática y vocabulario, por tanto, las tareas son tareas de opción múltiple y *Clozes* en los que deberá rellenar un texto con espacios en blanco en los que faltan una o más palabras o números

Resultados

Los candidatos reciben el resultado del examen cuando termina el examen porque se lleva a cabo una calificación automática. Esto es posible por el tipo de tareas que incluye el examen.

Reciben un resultado global y también separado por destrezas. Además de situar al candidato en el nivel obtenido, los resultados se basan en un sistema de puntación de 0 a 100. No hay impresión de certificados, los candidatos pueden descargárselos de la página web del Goethe Institut. Los resultados son accesibles exclusivamente a través de la fecha de nacimiento y el número de registro del candidato y el Goethe-Institut no los transmite a terceros y transcurridos 10 años, no están más disponible en la web del Goethe Institut.

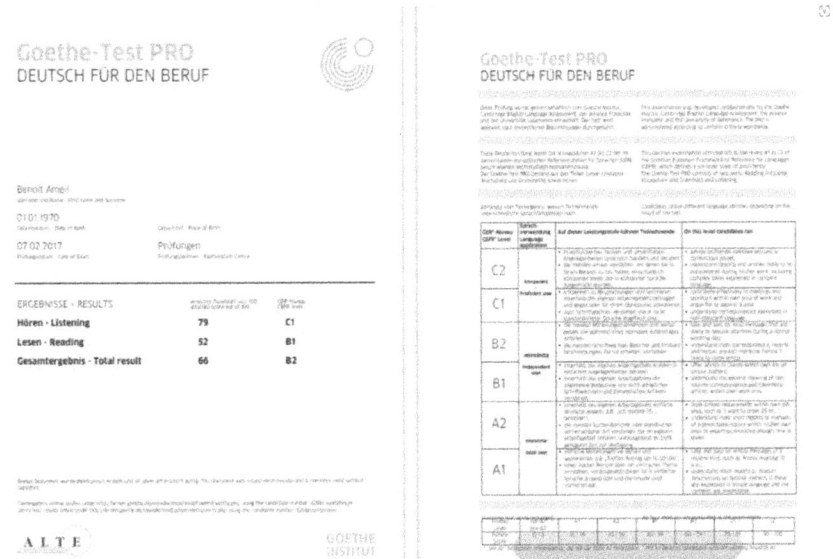

Fig. 35 Modelo de certificado Goethe Test Pro

2.3.1.4. LINGUASKILL BUSINESS

Este examen, que pertenece a Cambridge English, al igual que el examen USAL esPro y Goethe-Test PRO, tuvo también su origen en el examen BULATS, del cual nació un examen de inglés general, Linguaskill, y el examen Linguaskill business destinado al mundo profesional y de la empresa.

Descripción

Linguaskill business es un examen adaptativo también y abarca las cuatro destrezas. Las destrezas pueden certificarse de modo independiente, lo cual supone una ventaja para el candidato porque puede repetir la prueba en la que no ha alcanzado el nivel que desea.

Tiene que realizarse en un centro de examen, la diferencia que representa frente a las otras certificaciones analizadas es que el sistema de calificación de las pruebas productivas, es decir, la EIE y la EIO se realizan con calificación automática en el caso de la EIE y en el caso de la EIO se hace con calificación híbrida, es decir humanos o automáticamente.

Módulo	Duración (minutos)	Contenido
Reading & Listening (combinadas)	60–85	Adaptativo: la prueba finaliza cuando el candidato ha sido evaluado de forma precisa.
Writing	45	2 partes
Speaking	15	5 partes / 23 preguntas

Fig. 36 estructura del examen Linguaskill Business

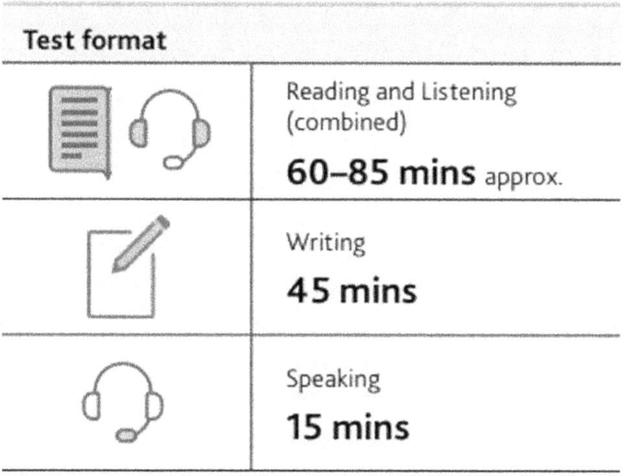

Test format	
	Reading and Listening (combined) **60–85 mins** approx.
	Writing **45 mins**
	Speaking **15 mins**

Fig. 37 Descripción de las pruebas del examen Linguaskill Business

a) Prueba de compresión de lectura)

Al tratarse de un examen adaptativo, comprende el mismo tipo de tareas y duración que el examen esPro y Goethe Test Pro.

b) Prueba de Expresión e interacción orales
d) Prueba de Expresión e interacción orales

Resultados

Los candidatos reciben un informe de resultados que resulta bastante fácil de leer. Aparecen las destrezas y el nivel alcanzado en cada una y, si se han realizado las cuatro el mismo día, aparece un resultado global también. Son informes son fáciles de leer. En el informe pueden ver la puntuación del candidato, según la Cambridge English Scale, en cada una de las destrezas de las que se haya examinado, lo que permite comprender rápidamente cuál es su nivel de inglés., también el nivel del Marco Común Europeo de Referencia (MCER) del candidato en cada una de las destrezas de las que se haya examinado, lo que significa que puedes comparar los resultados en *Linguaskill* con el estándar internacional (el MCER es la referencia internacional para describir las aptitudes lingüísticas); una puntuación media según la *Cambridge English Scale* y el nivel del MCER asociado, si se ha examinado de más de una destreza; Por último, reciben una explicación de lo que significa cada puntuación en cuanto a las competencias en inglés, lo que permite ver en qué aspectos se desenvuelve bien el candidato y en qué otros aspectos pueden mejorar;

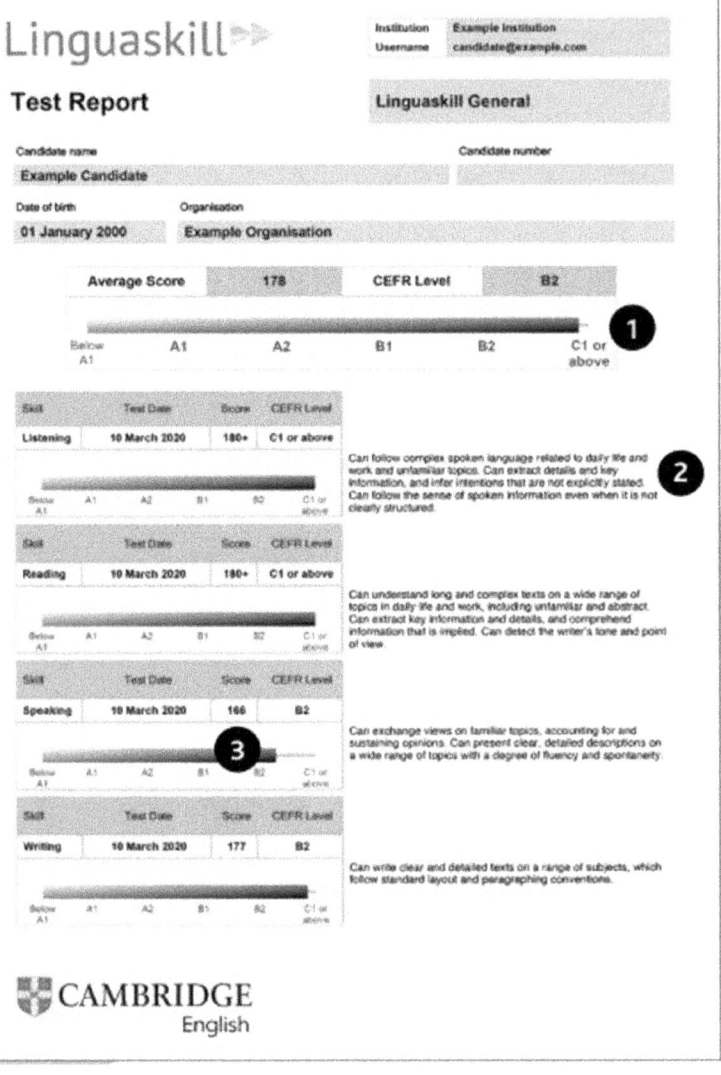

Fig. 38 Resultados Linguaskill Business

2.4.1. TIPOLOGÍA DE EJERCICIOS DE LOS EXÁMENES DE NEGOCIOS

Las pruebas de Comprensión auditiva y Conocimiento de la lengua presentan diferentes modelos de ejercicios que evalúan distintos conocimientos del candidato. Así, algunos se centran en evaluar la comprensión de lectura, pero otros buscan medir los conocimientos de léxico o gramática. Enumeramos los tipos de ejercicios comunes que aparecen en las certificaciones analizadas y que son comunes porque se realizan por ordenador y online, con lo cual, están limitadas a formatos compatibles con la corrección automática:

- *Opción múltiple*: el candidato leerá un texto o escuchará una grabación y luego responderá a las preguntas que se formulen. Cada pregunta tiene tres o cuatro opciones, pero sólo una es correcta.
- Cloze: el candidato deberá rellenar un texto con espacios en blanco en los que faltan una o más palabras o números.
- Ítems de relacionar o emparejar (*Matching*): El candidato tiene que relacionar un texto corto con un titular o afirmación.
- Completar huecos o espacios en blanco: el candidato deberá elegir la palabra adecuada para cada hueco entre las cuatro opciones que se le dan.
- Textos auditivos o escritos con preguntas de opción múltiple de tres o cuatro opciones.
- Relacionar fotos o gráficos con preguntas de textos auditivos o escritos.

Para las pruebas de expresión e interacción escritas, los candidatos, normalmente, deben escribir un texto breve con un texto input de entrada que normalmente es un correo electrónico y la respuesta debe tener alrededor de 50 palabras. En una segunda tarea, el candidato debe ser capaz de mostrar sus habilidades a la hora de redactar textos de mayor complejidad como puede ser un informe, una reseña o un artículo.

En las pruebas de Expresión e interacción orales también hay diferentes partes. Comparten una primera parte de entrevista con datos personales en los que las dos primeras preguntas no se evalúan porque pertenecen a la identificación del candidato y las siguientes se centran en algún aspecto de la vida laboral o profesional del candidato. Las otras partes suelen ser una presentación breve de un tema para el que ha contado con un tiempo breve de preparación. A continuación, se le hacen preguntas breves sobre el tema u otro aspecto profesional y, en algunos exámenes, se utiliza una tarea de simulación, en la que el candidato adopta un rol y el examinador otro.

Así pues, de acuerdo con la descripción que hemos ido desgranando a lo largo de la obra, a continuación, ofrecemos un cuadro resumen de las características de los distintos exámenes de negocios dentro del ámbito europeo.

Tabla 2.2 Resumen de los exámenes europeos de certificación lingüística del ámbito profesional seleccionados

	Goethe Test Pro	Linguaskill Business	USAL esPro	DIPLÔMES DE FRANÇAIS PROFESSIONNEL (DFP)
TIPO DE EXAMEN	Adaptativo	Adaptativo	Adaptativo	Dominio por niveles
DURACIÓN (4 destrezas)	60–90 minutos	2h:35 minutos	2h:15 minutos aproximadamente	120 minutos
NIVEL MCER	A1–C1	A1-C1	A1–C2	A1–A2–B2–C1–C2
PUNTUACIÓN	100 puntos	180+ puntos	100 puntos	100 puntos
COMPRENSIÓN AUDITIVA	Sí	Sí	Sí	Sí
COMPRENSIÓN DE LECTURA	Sí	Sí	Sí	sí
GRAMÁTICA	Sí	Sí	Sí	Sí
VOCABULARIO	Sí	Sí	Sí	Sí
EXPRESIÓN E INTERACCIÓN ESCRITAS	No	Sí	Sí	Sí
EXPRESIÓN E INTERACCIÓN ORALES	No	Sí	Sí	Sí
EXAMEN EN REMOTO	No	Sí	Sí	No
CADUCIDAD	No consta	No consta	Indefinida	Indefinida
PRECIO	90 euros	Examen completo 115/130 euros 60 euros por destrezas individuales (CA y CL se hacen conjuntamente)	Depende del agente 83 euros más o menos por destreza. (CA y CL se hacen conjuntamente)	160 euros el examen completo

REFERENCIAS

AERA, APA, NCME (1999): *Standards for Educational and Psychological Testing.* American Educational Research Association. Washington.

ALDERSON, CH. (1986): "Computers in language testing" en Leech, G. y Ch. Candlin (eds.), en *Computers in English Language Learning and Research,* Harlow, Longman. págs. 99–110.

ALDERSON, CH. (1991): "Bands and Scores" en Alderson, Ch. y B. North (eds.), *Language Testing in the 1990s, págs.* 71–86.

ALDERSON, J. CH. (2000): *Assesing Reading,* Cambridge, Cambridge University Press.

ALDERSON, J. CH. (ed.) (1985): *Evaluation* vol. 6, Oxford, Pergamon Press.

ALDERSON, J. CH. y B. NORTH (eds.) (1994): *Language Testing in the 1990s.* Londres.

ALDERSON, J.CH., C. CLAPHAM, y D. WALL (1995): *Language Test Construction and Validation.* Versión española: *Exámenes de idiomas,* Madrid (1998): Cambridge University Press.

ALONSO, E. (1994): *¿Cómo ser profesor/a y querer seguir siéndolo?* Madrid. Edelsa.

ALTE MEMBERS (1998): *Multilingual glossary of language testing terms,* Cambridge, University of Cambridge Local Examinations Syndicate / Cambridge University Press.

ALVAREZ MÉNDEZ, J.M. (2008): "Evaluar el aprendizaje en una enseñanza centrada en competencias", en Gimeno Sacristán, J. *Educar por competencias, ¿qué hay de nuevo?* Madrid: Ediciones Morata.

ANTÓN, M. (2013): *Métodos de evaluación de ELE,* Madrid, Arco/Libros.

ARNO, G. *et alii.* (1996): *Profesor en acción 1, 2, 3.* Madrid. Edelsa.

AUSTIN, J. (1982): *Cómo hacer cosas con palabras.* Barcelona: Paidós.

AUSTIN, J. (1962): *How to do things with words.* Cambridge M.A.: Harvard University Press.

BACHMAN, L. F. (1990): *Fundamental Considerations in Language Testing,* Oxford, Oxford University Press.

BACHMAN, L. F. (2000): "Modern language testing at the turn of the century: assuring that what we count counts", *Language Testing*, 17 (1), págs. 1–42.

BACHMAN, L. F. y S. PALMER (1996): *Language Testing in* Practice, Oxford. Oxford University Press.

BACHMAN, L. F. (1998): "Language Testing at the Turn of the Century", *American Association for Applied Linguistics Letter*, Vol. 20 N° 2 summer/fall 1998

BACHMAN, L.F. y PALMER, A. S., 2010. *Language Assessment in Practice*. Oxford: Oxford University Press.

BAKER, D. (1989): *Language Testing*, Londres, Edward Arnold.

BARBERA GREGORI, E. (1999): *Evaluación de la enseñanza, evaluación del aprendizaje*. Barcelona, Edebé.

BARTLETT, F. C. (1995): *Recordar: estudio de psicología experimental y social*. Madrid: Alianza Editorial.

BENEDITO, V. *et alii*. (1977): *Evaluación aplicada a la enseñanza*. Ceac. Barcelona.

BERNHARDT, E. B. (1991): *Reading Development in a Second Language: Theoretical, Empirical and Classroom Perspectives*, Norwood (N. J.) Alex Publishing Corporation.

BLOOMFIELD, L. (1914): *An Introduction to the Study of Language*. Nueva York. Holt.

BLOOMFIELD, L. (1933): *Language*. Nueva York. Holt.

BLOOMFIELD, L. (1942): *Outline Guide for the Practical Study of Foreign Languages*. Baltimore. Linguistic Society of America.

BORDÓN, T. (1991): *El enfoque comunicativo aplicado a la enseñanza de segundas lenguas. Técnicas de evaluación*. Tesis doctoral inédita. UAM.

BORDÓN, T. (1993): "Evaluación y niveles de competencia comunicativa", en *Didáctica del español como lengua extranjera*. Cuadernos del Tiempo Libre, págs. 37–60.

BORDÓN, T. (2000): "La evaluación de la comprensión de textos escritos en aprendices de E/LE", CARABELA, 48, Madrid, SGEL, págs. 111–136.

BORDÓN, T. (2001): "La evaluación de la comprensión auditiva en aprendices de E/LE", CARABELA, 49, Madrid, SGEL, págs. 77–101.

BORDÓN, T. (2000): "La evaluación de la expresión oral en el aula de E/LE", CARABELA, 47, Madrid, SGEL, págs.151–175.

BORDÓN, T. (2004): "La evaluación de la expresión oral y la comprensión auditiva", en Sánchez Lobato e I. Santos (dirs.), *Vademécum para la formación de profesores,* Madrid, SGEL, págs. 983–1003.

BORDÓN, T. (2004): "Panorama histórico de algunas de las cuestiones fundamentales en la evaluación de segundas lenguas", Carabela, 55, Madrid, SGEL, págs. 5–30.

BORDÓN, T. (2006): *La evaluación de la lengua en el marco de E/L2: Bases y procedimientos.* Madrid: Arco Libros.

BOUD, D. (2007): "Reframing Assessment as if Learning was important", en Boud y Fal-chikov, N.(eds.) Rethinking Assessment in Higher Education. *Learning for the Longer Term.* London Routlege pp. 14–26.

BOYD, K. y A. DAVIES (2002): "Doctors orders for language testers: the origin and purpose of ethical codes", *Language Testing,* 19, 3, págs. 296–322.

BROWN, G. y YULE, G. (1983): *Teaching the Spoken Language.* Cambridge. Cambridge University Press.

BROWN, J. D. y T. HUDSON (1998): "The Alternatives in Language Assessment", TESOL QUARTERLY, Vol.32/4 Winter 98, págs. 653–675.

BUCK, G. (2001): *Assessing Listening.* Cambridge, Cambridge University Press.

BYRNE, D. (1986): *Teaching Oral English* (2ª ed.). Londres. Longman.

CALSAMIGLIA, H. y TUSÓN, A. 1999. *Las cosas del decir.* Barcelona: Ariel Lingüística.

CANALE, M. & SWAIN, M. (1980): "Theoretical bases of communicative approaches to second language teaching and testing", en *Applied Linguistics,* I, 1, págs. 1–47.

CANALE, M. (1983): "From communicative competence to communicative language pedagogy", en Richards. J. y R. Schmidt (comps.), *Language and Communication*, Londres, Longman

CANALE, M. (1983): "On some dimensions of language proficiency", en Oller Jnr.W.J. (ed.) *Issues in Language Testing Research.* Rowley (MA), Newbury House.

CANALE, M. y SWAIN, M., 1980. "Theoretical bases of communicative approaches to second language teaching and testig" en *Applied Linguistics, 1* (1), 1–47.

CANALE, M. y SWAIN, M., 2008. "Fundamentos teóricos de los enfoques comunicativos" en Signos, 16,pp. 56–61 y 18 pp. 78–9.

CANALE, M., 1983. "From communicative competence to communicative language pedagogy" en Richards y Schmidt (eds.), *Language and Communication,* Londres: Longman.

CARANDELL, Z. y ESTEVE, O. (2010): *Construint coneixement de forma compartida. Revista Guix,* núm.366-Educació lenta.

CARRELL, P.L., DEVINE, J. y ESKEY, D. E. (eds.) (1988): *Interactive Approaches to Second Language Reading.* Cambridge: CUP.

CARROLL, B. (1991): "Resistance to change", en Alderson, Ch. y B. North (eds.), *Language Testing in the 1990s,* págs.22–27

CARROLL, B. J. y P. J. HALL (1985): *Make Your Own Language Tests.* Oxford, Pergamon.

CARROLL, B.J. (1980): *Testing Communicative Performance,* Oxford, Pergamon.

CASSANY, D. (1999): *Construirla escritura.* Barcelona. Paidós.

CASSANY, D. (2004): "La expresión escrita" en Sánchez Lobato, J. e I. Santos (dirs.) *Vademécum para la formación de profesores,* Madrid, SGEL. 917–942.

CASSANY, D. (editor), 2006. *El Portfolio Europeo de las Lenguas y sus aplicaciones en el aula.* Madrid: Ministerio de Educación y Ciencia. Instituto Superior de Formación del Profesorado. ISBN: 84-369-4197-7.

CASSANY, D. 2005. *Expresión escrita en L2/ELE.* Cuadernos de didáctica del español/LE. Madrid: Arco Libros.

CHALHOUB-DEVILLE, M. (1996): "Performance assessment and the components of the oral construct across different tests and rater groups", en Milanovic, M. y N. Saville (eds.), *Performance testing, cognition and assessment,* Cambridge, University of Cambridge Local Examinations Syndicate y Cambridge University Press, págs. 55–73.

CIZEK, G. y BUNCH, M. (2007): *Standard* Setting. Thousand Oaks, California: Sage.

COHÉN, A.D., 1994. *Assessing Language Ability in the Classroom.* 2.ª ed. Boston: Heinle & Heinle Publishers.

CONSEJO DE EUROPA (1979): *Un nivel umbral*, adaptación española de P. Slagter. Estrasburgo.179–197, Cambridge, CUP.

CONSEJO DE EUROPA (2000): *European Language Portfolio (ELP): Principies and Guidelines.* Estrasburgo: Consejo de Europa.

CONSEJO DE EUROPA (2001): *Common European Framework of Reference For Languages: Learning, Teaching, Assessment.* www.coe.int/lang-cefr

CONSEJO DE EUROPA (2011): Manual for Language Test Development and Examining. For use with the CEFR. Produced by ALTE on behalf of the Language Policy Division Council of Europe, https://www.alte.org/resources/Documents/ManualLanguageTest-Alte2011_EN.pdf

CONSEJO DE EUROPA (2020): Common European Framework of Reference for Languages: Learning, Teaching, Assessment. Companiom volume. www.coe.int/lang-cefr.

CONSEJO DE EUROPA (2022): The importance of plurilingual and intercultural education for democratic culture. www.coe.int/lang-cefr

COOK, V. (2001): *Second Language Learning and Language Teaching* 3ª ed. Londres, Arnold.

CUSHING VEIGLE, S. (2002): *Assessing writing,* CUP Cambridge Language Assessment Series. Series Editors J. Charles Alderson & Lyle F. Bachman.

CUSHING WEIGLE, S. (2002): *Assessing Wríting.* Cambridge, Cambridge University Press.

DAVIDSON, F. y LYNCH, B., 2001. *A Teacher's Guide toWriting and Using Language Test Speciflcations.* Yale University Press.

DAVIES, A. (1985): "Follow my leader: Is That What Language Tests Do?" en Lee Y.P. et alii (eds), *New Directions in Language Testing*, Oxford, Pergamon, págs. 3–13.

DAVIES, A. (1989): "Communicative competence" en *Applied Linguistics,* 10, 2.

DAVIES, A. (1990): *Principies of Language Testing*, Oxford, Basil Blackwell.

DAVIES, A. (1991): "Language Testing in the 1990s" en Alderson, Ch. y B. North (eds.), *Language Testing in the 1990s* págs. 136–149.

DAVIES, A. (1997): "Demands on being professional in language testing", *Language Testing* 14, 3, 328–339.

DAVIES, A., BROWN, A., ELDER, C., HILL, K., LUMLEY,T. y MCNA-MARA,T. (1999): *Dictionary of Language Testing,* Cambridge: Cambridge University Press.

DE KETELE, J.M. (1984): *Observar para educar.* Madrid: Visor Libros.

DEARDORFF, D. K. (2006): "The identification and assessment of inter-cultural cornpetence as a student outcome of internationalization at institutions of higher education in the United States", *en Journal of Studies in International Education,* 10 (3), 241—266.

DEARDORFF, D.K. (ed.) (2009): *The SAGE handbook of intercultural competence.* Thousand Oaks, CA: Sage.

DOWNING, S. (2010): "Twelve Steps for Effective Test Development", en Downing, S. y Haladyna, T. *A Handbook for Test Development.* Londres: Lawrence Erlbaum Associates Publishers.

DULAY, H., M. BURT, S. KRASHEN (1982): *Language Two.* Oxford. Oxford University Press.

EBEL, R.L. y FRISBIE, D.A. (1991) *Essentials of Educational Measure-ment.* Englewood Cliffs, Nueva Jersey: Prentice Hall.

FARHADY (1982): *Reseach Design and Statistics for Applied Linguistics.* Rowley (Mass.), Newbury House.

FERNÁNDEZ, S. (1989): "Corregir y evaluar en la enseñanza comunica-tiva", CABLE, 4, págs. 30–35.

FIGUERAS, N. (2001): *Developing oral test: can weget closer to real life.* *Tesis* doctoral. Universitat de Barcelona. Departament de Didáctica de la Llengua i la Literatura.

FIGUERAS, N. (2002): "El proyecto Dialang o cómo integrar evaluación y autoaprendizaje". FIGUERAS. *Revista de la Asociación de Profesores de la EOI de Barcelona-Drassanes,* pp. 3–9.

FIGUERAS, N. (2003): "L'análisi del discurs i l'avaluació de l'expressió oral: llicons de la recerca i impliacions per a la docencia". En *Llengua i ús: revista técnica de política lingüística, 28.* Barcelona: Generalitat de Catalunya.

FIGUERAS, N. (2004): "Docencia, evaluación y contexto de uso real de la lengua oral". CARABELA, 55, Madrid, SGEL, págs.63–84.

FIGUERAS, N. (2010): "Hacia el mutuo reconocimiento de certificaciones: Criterios y Procedimientos de comparabilidad", en Ortega, 2010. *Las escuelas oficiales de idiomas en el desarrrollo de las políticas lingüísticas del Consejo de Europa.* Madrid: MEC.

FIGUERAS, N. (coord.) (2005): *L'avaluació dins i Jora de l'aula.* Collecció Materials Didáctics 10. Barcelona: Secretaria de Política Lingüística. Departament de la Presidencia. Gene-ralitat de Catalunya.

FIGUERAS, N., MINGARRO, P. y PUIG, F. (2011): *Docencia, aprendizaje y evaluación de segundas lenguas en las escuelas oficiales de idiomas.* Barcelona: ICE-Horsori.

FULCHER, G. (2010) *Practical Language Testing.* Londres: Hodder Education.

GARCÍA RAMOS, J. M. (1989): *Bases pedagógicas de la educación. Guía práctica para evaluadores.* Madrid. Síntesis.

GARCÍA SANTA CECILIA, A. (1995): *El curricula de español como lengua extranjera.* Madrid. Edelsa.

GARCÍA SANTA-CECILIA, A. (2000): Cómo *se diseña un curso de lengua extranjera.* Madrid: Arco Libros.

GARDNER, H. (2005). *Las cinco mentes del futuro.* Barcelona: Paidós Ibérica.

GARDNER, J., HARLEN,W., HAYWARD, L., y STOBART, G. (2008): *Changing Assessment Practice: Process, Principles and Standards.* Cambridge: University of Cambridge Faculty of Education.

GELABERT, MᴬJ. *et alii* (1988): *Niveles Umbral, Intermedio y avanzado,* Madrid, SGEL.

GENESSE, F. y UPSHUR, J. (1996): *Classroom-based evaluation in second language Evaluation.* Nueva York: Cambridge University Press.

GIOVANNINI, A., MARTÍN PERIS, E., RODRÍGUEZ, M. y SIMÓN, T., (1996): *Profesor en acción (vol.l). El proceso de aprendizaje.* Madrid: Edelsa.

GOUGH, P. B. (1972): "One second of reading", en Kavanagh J. F. & Mattingly I. G. (eds.), *Language by ear and by eye* (pp. 331–358). Cambridge, MA: MIT Press.

GRICE, H.P. (1975): "Logic and Conversation", en P. Cole and J. Morgan (eds.), *Syntax and Semantics*: Vol.3, Speech Acts. NY: Acedemic Press

HARLEN,W. (2006) "Assessment for Learning and Assessment of Learning", en W. Harlen. (ed.) ASE Guide for Primary Science. Hatfield. Association for Science Education.

HARRIS, M. y McCAAN, P. (1996): *Assessment*. Londres: Heinemann.

HARRISON, A. (1983): *A Language Testing Handbook*, Londres, MacMillan. HATCH, E. y H.

HEATON, J. B. (1988): *Writing English Language Tests*, 2ª ed. Longman.

HEATON, J. B. (1989): *Classroom Testing*. Nueva York, Longman.

HEATON,J. B. (ed.) (1982): *Language Testing,* Modern English Publications Ltd.

HENNING, G. (1987): *A Guide to Language Testing*. Cambridge (Mass.), Newbury House.

HUGHES, A. (1989): *Testing for Language Teachers*. Cambridge, Cambridge University Press.

HYMES, D. (1971): "On communicative competence", en *Sociolinguistics*. Harmondsworth, Penguin.

HYMES, D. (1972): "Models of the interaction of language and social life." en Gumperz, J.J. y D. Hymes (Eds.) *Directions in Sociolinguistics*. Nueva York. Holt, Rinehart and Wiston, págs. 35–71.

HYMES, D. (1974): *Foundations in Sociolinguistics. An Ethnographic Approach*. Philadelphia. University of Pennsylvania Press.

HYMES, D.H. (1971): «Acerca de la competencia comunicativa», en Llobera *et al., 1995. Competencia comunicativa. Documentos básicos en la enseñanza de lenguas extranjeras,* pp. 27–47. Madrid: Edelsa.

INSTITUTO CERVANTES (1994): La enseñanza de español como lengua extranjera. Plan curricular del Instituto Cervantes. Instituto Cervantes, Alcalá de Henares.

JAMES, M. y PEDDER, D. (2006): *Professional Learning as a Condition for Assessment for Learning*, en Gardner, J. (ed.) Assessment and Learning. Londres: Sage.

KOHONEN, V. (2000): "La evaluación auténtica en la educación afectiva de lenguas extranjeras", en Arnold, J. La dimensión afectiva en la enseñanza de lenguas extranjeras. Madrid: Edinumen.

KUNNAN, A. J. (1995): *Test taker characteristics and test performance: a structural modelling approach,* Cambridge, University of Cambridge Local Examinations Syndicate y Cambridge University Press.

LADO, R. (1961): *Language Testing,* Londres, Longman.

LEE, Y. P. *et alii.* (eds.) (1985): *New Directions in Language Testing,* Oxford, Pergamon.

LEECH, G. (1983): *The Principies of Pragmatics.* Londres Longman.

LISKIN-GASPARRO, J. (1962): *ETS Oral Praticiency Testing Manual,* Princeton (NJ), Educational Testing Service.

LITTLE, D. (2002): "The European Language Portfolio and learner autonomy", *Málfridur* 18 (2) 4–7.

LITTLEWOOD, W. (1981): *Communicative language teaching,* Cambridge, Cambridge University Press.

LITTLEWOOD, W., 1998. *La enseñanza comunicativa de idiomas: introducción al enfoque comunicativo.* Cambridge: Cambridge University Press.

LLOBERA, M. (1995): *Competencia Comunicativa. Documentos básicos en la enseñanza de lenguas extranjeras.* Madrid: Edelsa.

LLORIÁN, S. (2009): *Entender y utilizar el Marco común europeo de referencia desde el punto de vista del profesorado de Lenguas.* Madrid: Santillana y Universidad de Salamanca.

LUND, A. (2008): "Assessment made visible. Individual and collective practices", *Mind, Culture, and Activity,* 15: 35–51.

LUOMA, S. (2004): *Assessing Speaking.* Cambridge, Cambridge University Press

LYNCH, B. K. (1997): "In search of the ethical test", págs. 315–327.

MADSEN, H. S. (1983): *Techniques in Testing,* Nueva York, Oxford University Press.

MAY, P. (1996): *Exam Classes,* Oxford, Oxford University Press.

MARTÍNEZ BAZTÁN, A. (2011): *La evaluación de las lenguas: garantías y limitaciones,* Granada, Octaedro.

MATEO, J. (2000): *La evaluación educativa, su práctica y otras metáforas.* Barcelona: ICE-Horsori.

McNAMARA, T., 1996. *Measuring second language performance: a new era in language testing.* Nueva York: Longman.

McNAMARA, T. (1996): *Measuring second language performance*, Londres Longman.

McNAMARA, T. (2000): *Language Testing*. Oxford. Oxford University Press.

MESSICK, S. (1989): "Meaning and Valúes in test Validation: the Science of Ethics and Assessment", *Educational Researcher* 12, 2 págs. 5–11.

MESSICK, S. (1995): "Standards of validity and the validity of standards in performance assessment". Educational Measurement: *Issues and Practice, 15*, 5–12.

MILANOVIC, M. (ed.) (1998): *Multilingual glossary of language testing terms*. Studies in Language Testing 6. Cambridge. Cambridge University Press.

MILANOVIC, M. y C. WEIR (eds.) (2004): *European Language Testing in a Global Context*. Studies in Language Testing 18. Cambridge. Cambridge University Press.

MILANOVIC, M. y N. SAVILLE (eds) (1996): *Performance Testing Cognition and Assessment,* Cambridge, University of Cambridge Local Examination Syndicate/Cambridge University Press.

MITCHELL, R. y F. MYLES (1998): *Second Language Learning Theories*. Londres. Arnold.

MUNBY, J. (1981): *Communicative Syllabus Design,* Cambridge, Cambridge University Press.

NORRIS, J.M. et alii (1998): *Designing second language performance assessments*. Honolulú: University of Hawaii Press.

NUNAN, D. (1988): *The Learner-Centered Curriculum*. Cambridge. Cambridge University Press.

NUNNALLY, J. C. (1972): *Educational Moasurements and Evaluation,* Nueva York, McGraw-Hill.

OLLER, J. W. (1979): *Language Tests at School*, Harlow, Longman.

OLIVERAS, A. (2000): *Hacia la competencia intercultural en el aprendizaje de una lengua extranjera. Estudio del choque cultural y los malentendidos*. Madrid: Edinumen.

OLLER, J. W. (1979): *Language tests at school. A pragmatic approach*. Londres: Logman.

OLLER, J. W. (1983): *Issues in Language Testing Research*, Rowley (Mass.). Newbury House.

OMAGGIO, A. (1993): *Teaching Language in Context*. Boston, Heinle & Heinle.

ORTEGA, A. (2010) *Las escuelas oficiales de idiomas en el desarrollo de las políticas lingüísticas del Consejo de Europa*. Madrid: MEC.

OSCARSON, M. (1980): *Approaches to Self-assessment foreing language learning*. Pergamon Press.

O'SULLIVAN, B. (2002): "Learner acquitanceship and oral proficiency test pair-task performance", *Language Testing*, 19, 3, págs. 277–295.

PEDRO, F. (2004): "Per qué cal avaluar l'ensenyament", en Figueras, N. (coord.), *L'avaluado dins i Jora de l'aula*. Collecció Materials Didàctics 10. Barcelona: Secretaria de Política Lingüística. Departament de la Presidencia. Generalitat de Catalunya.

PICÓ, E. (1990): "Autoevaluación y autonomía del aprendizaje: unas escalas", CABLE, 6, págs. 27–30.

PINGAS, A. (1982): *Teaching English Writing*. Londres. Macmillan.

PIQUERAS, N. (2004): "Docencia, evaluación y contexto de uso real de la lengua oral", en *La evaluación en la enseñanza de español como segunda lengua l'lengua extranjera*. Revista Carabela, núm. 55.

POENER, M. (2008): *Dynamic assessment: a Vygotskian Approach to Understanding and Promoting L2 Development*, Boston, MA, Springer Science.

PORTER, D. (1991): "Affective factors in language testing" en Ch. Alderson y B. North (eds) *Language Testing in the 1990s*, págs. 32–45. Hertfordshire. Modern English Publications and The British Council.

PRESTON, D. y YOUNG, R. (2000): *Adquisición de Segundas Lenguas-. Variación y Contexto Social*. Madrid: Arco Libros.

PUIG, F. (2002): "El proceso de elaboración de ítems de español para el proyecto Dialang", en InterEOI, *Revista de la Asociación de Profesores de la EOI de Barcelona-Drassanes*, pp. 10–17.

PURPURA, J. E. (1999): *Modeling the relationship between test takers' reported cognitive and metacognitive strategy use and performance on language tests*, Cambridge, University of Cambridge Local Examinations Syndicate y Cambridge University Press

PURPURA, J. E. (2004): *Assessing Grammar*. Cambridge, Cambridge University Press.

REA, P. (1985): "Language Testing and the Communicative Language Teaching Curriculum", en Lee Y.P. y otros (eds), *New Directions in Language Testing*, Oxford, Pergamon, págs. 15–32.

READ, J. (2000): *Assessing Vocabulary.* Cambridge, Cambridge University Press.

REA-DICKINS, P. (1991): "What Makes a Grammar Test Communicative?" en Alderson, Ch. y B. North (eds.), *Language Testing in the 1990s,* págs. 112–131.

REA-DICKINS, P. y K. GERMAINE (1992): *Evaluation.* Oxford, Oxford University Press.

RICHARDS, J. C. y RODGERS, T. S. (1998). *Enfoques y métodos en la enseñanza de idiomas.* Madrid: Cambridge University Press.

RICHARDS, J. C., LOCKHART, C. (1998): *Estrategias de reflexión sobre la enseñanza de idiomas.* Madrid: Cambridge University Press.

RIXON, S. (1986): *Developing Listening Skills.* MacMillan, Londres.

RODRÍGUEZ NEIRA, T. (coord.) (2000): *La evaluación en el aula.* Barcelona, Ediciones Nobel.

SADLER, D.R. (1989): "Formative assessment and the design of instructional systems", en *Instructional Science, 18,* pp. 119–144.

SALABERRY, R. (2000): "Revising the revised format of the ACTFL Oral Proficiency Interview", *Language testing,* 17, 3, págs. 289–310

SÁNCHEZ LOBATO, J. y SANTOS GARGALLO, I. (dirs.) (2004): *Vademécum para la formación de profesores.* Madrid: SGEL.

SANDROCK, P. (2010): *The Keys To Assessing Language Performance. A Teacher's Manual For Measuring Student Progress*, Alexandria, VA, The American Council on the Teaching of Foreign languages.

SANTOS GARGALLO, I. (1993): *Análisis contrastivo, Análisis de Errores e Interlengua en el marco de la Lingüística Contrastiva.* Madrid. Síntesis.

SHAPLEY, KELLY S. *et alii* (2010): "Evaluating the implementation fidelity of technology immersion and its relationship with student achievement", en *The Journal of Technology, Learning, and Assessment,* vol. 9, n.° 4.

SHOHAMY, E. (1993): "The power of tests: the impact of language tests on teaching and learning", *NFLC Occasional Papers,* Washington, D.C. National Foreign Language Center.

SHOHAMY, E. (1997): "Testing methods, testing consequences: are they ethical?", *Language Testing* 14, págs. 340–349.

SIGOTT, G. (2004): *Towards Identijying the C-Test Construct.* Wien. Peter Lang.

SKEHAN, P. (1991): "Progress in Language Testing: the 1990s", en Ch. y B. North (eds.), *Language Testing in the 1990s,* págs. 3–6.

SKINNER, B. F. (1957): *Verbal Behavior,* Nueva York, Appleton-Century-Crofts.

SMITH, F. (1983): *Comprensión de la lectura.* México, Trillas. (Understanding Reading. Nueva York, Holt, Rinehart and Winston, 1971).

SPICER-ESCALANTE, M. (2004): "El uso de los portafolios o carpetas como sistema alternativo de evaluación y de enseñanza de la escritura en español como segunda lengua en EE.UU." en CARABELA, 55, págs. 45–62.

SPOLSKY, B. (1981): "Some ethical questions about language testing", en Klein-Braley, C. y D.K. Stevenson (eds.) *Practice and problems in language testing,* Frankfurt, Peter Lang, págs. 5–21.

SPOLSKY, B. (1989): "Communicative competence, language proficiency and beyond", en *Applied Linguistics* vol. 10, n°2.

SPOLSKY, B. (1997): "The ethics of gatekeeping tests what have we learned in a hundred years?", *Language Testing* 14, págs. 242–247.

STALKER, C. J. (1989): "Communicative competence, pragmatic functions, and accommodation" en *Applied Linguistics vol.* 10, n° 2.

STANSFIELD, C. W. (1993): "Ethics, standards and professionalism in language testing", *Issues in Applied Linguistics* 4, 2, págs. 15–30.

STEVENSON, D. (1985): "Pop Validity and Performance Testing", en Lee Y.P. y otros (eds), *New Directions in Language Testing .* Oxford. Pergamon. págs. 111–118.

STOBART, G. (2010): *Tiempos de Pruebas: Los usos y abusos de la Evaluación.* Madrid: Ediciones.

SWAIN, M. (1985): "Large-scale Communicative Language testing: A Case Study", en Lee Y.P. y otros (eds), *New Directions in Language Testing,* Oxford, Pergamon, págs. 35–46.

SWENDER, E. (ed.) (1999): ACTFL *Oral Proficiency Interview Tester Training Manual,* Yonkers (NY), The American Council for the Teaching of Foreign Languages.

UNDERHILL, N. (1987): *Testing Spoken Language*, Cambridge, Cambridge University Press.

UR, P. (1996): *A Course in Language Teaching*. Cambridge. Cambridge University Press.

VAN EK, J.A. Y J.L.M. TRIM (1990): *Threshold level.* Council of Europe Publishing

VAN GORP, K. y VÎLCU, D. (Eds.) 2018: *Guidelines for the Development of Language for Specific Purposes Tests. A Supplement to the Manual for Language Test Development and Examining.* Produced by ALTE, https://www.alte.org/resources/Documents/6093%20LSP%20Supplement%20-%20WEB.pdf

VALETTE, R. (1986): "The culture test", en J.M. Valdes (ed). *Culture Bound,* págs. 179–197. Cambridge, Cambridge University Press.

VV. AA. (2009): *Relating Language Examinations to the Common European Framework of Reference for Languages: Learning, Teaching, Assessment. A Manual.*

VV. AA. (2012): *Las competencias clave del profesorado de lenguas segundas y extranjeras.* Madrid: Instituto Cervantes.

VV.AA. (1995): *Competencia comunicativa.* Madrid. Edelsa.

VV.AA. (1998): *Bibliografía sobre enseñanza-aprendizaje de E/LE,* anexo al nº 43 de CARABELA. Madrid. SGEL, págs.32–33.

WALL, D. (1997): "Impact and washback in language testing", en Clapham, C. y D. Corson (eds.) *Encyclopedia of language and education*, Vol. 7: Language Testing and Assessment. Dordrecht, Kluwer Academic.

WEIR, C. (1988): *Communicative Language Testing*, Exeter, University of Exeter. WEIR, C. y M. MILANOVIC (eds.) (2002*): Innovation and Continuity: Revising the Cambridge Proficiency Examination*, UCLES/CUP.

WEIR, C. J. (1993): *Understanding and Developing Language Test.* Nueva York: Prentice Hall.

WEISS, C.H. (1972): *Evaluation Research: Methods or Assessing Program Effectiveness.* Nueva Jersey: Prentice/Hall.

WENDEN, A. (1991): *Learner Strategies for Learner Autonomy.* Hemel Hempstead. Prentice Hall.

WIDDOWSON, H. G. (1978): *Teaching Language as Communication*. Oxford University Press. Oxford.

WIDDOWSON, H. G. (1983): *Language Purpose and Language Use*. Oxford University Press. Oxford.

WIDDOWSON, H. G. (1984): *Explorations in Applied Linguistics* 2. Oxford University Press.

WIDDOWSON, H. G. (1989): "Knowledge and ability for use", en *Applied Linguistics vol.* 10, n° 2.

WILLIS, J. (1996): *A framework for Task-Based Learning*. Harlow, Longman.

WOOD, R. (1993): *Assessment and Testing*, Cambridge. Cambridge University Press.

WU, Y. (1998): "What do tests of listening comprehension test? A retrospection study of EFL test-takers performing a multiple-choice task", en *Language Testing* 15, 1, 21–44.

ZIEKY, M., PERIE, M. y S. A. LIVINGSTON (2008): *Cutscores: A Manual for Setting Standards of Performance on Educational and Occupational Tests*. Princeton: Educational Testing Service. ETS.